KYNOS KLEINE HUNDEBIBLIOTHEK

Amerikanische und Englische
COCKER SPANIEL

KYNOS VERLAG Mürlenbach

KYNOS KLEINE HUNDEBIBLIOTHEK

Amerikanische und Englische

COCKER SPANIEL

Frank Kane & Phyllis Wise

Fotos von Marc Henrie

INHALTSVERZEICHNIS

IMPRESSUM

©1989 KYNOS VERLAG
Helga Fleig
Am Remelsbach 30
D-5537 Mürlenbach/Eifel
Telefon: 0 65 94/653

ISBN-Nr. 3-924008-57-4

©Englische Originalausgabe
Salamander Books Ltd., London 1987
Übersetzung: D. und H. Fleig

SPEZIALBEITRAG UND FOTOS

Richard G. Beauchamp ist Autor des Kapitels über Geschichte, Aufbau und Entwicklung des American Cockers. Er ist als Züchter mit seinem berühmten »Beau Monde Kennel« an dieser Entwicklung aktiv beteiligt, ist Richter und Herausgeber der Hundezeitschrift »Kennel Review«.

Marc Henrie war, bevor er sich als Tierfotograf etablierte, ein bekannter Standfotograf in den Filmstudios Englands und Hollywoods. Er war einer der letzten, die Marylin Monroe fotografierten. Schon damals waren Fotos der Stars mit ihren Tieren seine Lieblingsobjekte.

ZUM GELEIT

Das jetzt in deutscher Sprache vorliegende Buch »Cocker Spaniel« von Frank Kane und Phyllis Wise ist ein Glücksfall, denn es bietet den Freunden des Cocker Spaniels – auch denen des American Cocker Spaniels! – in kompakter Form einen hervorragenden Überblick über beide Spanielvarietäten, über ihre Besonderheiten und Eigenarten, aber auch über ihre Gemeinsamkeiten. Es ist ein Führer, vor allem für diejenigen, die ihre erste Bekanntschaft mit Cocker Spaniels schließen wollen. Sie finden in diesem Buch wertvolle Hinweise für den Kauf, die Aufzucht und die Haltung ihres Cocker Spaniels.

Es bietet aber auch demjenigen wertvolle Informationen, der sich schon intensiver mit Spaniels beschäftigt hat. Den Spanielfreunden im deutschsprachigen Raum steht jetzt ein Handbuch zur Verfügung, das einen ersten, aber sehr umfassenden Einstieg in die Welt des Cocker Spaniels ermöglicht. Auch das Ausstellungswesen wird berücksichtigt, und daß das für die Cocker so wichtige Feld der jagdlichen Eignung nicht beschrieben wird, ist in diesem Fall kein Nachteil, denn die beiden kompetenten Autoren haben sich zum Ziel gesetzt, einen Ratgeber für das Kennenlernen der beiden Cocker-Varietäten vorzulegen. So gesehen und von Aufmachung und Qualität her läßt das Buch keine Wünsche offen – und das zu einem bemerkenswert günstigen Preis.

Dr. Peter Beyersdorf
Präsident des Jagdspaniel-Klub e.V.

AUTOREN

Phyllis Wise und ihr Mann begannen 1950 mit Zucht und Ausstellung von English Cocker Spaniels. 1956 züchtete sie ihren ersten Champion, Sh. Ch. Astrawin Aphrodite, der 12 CCs ud 12 Reserve-CCs gewann, 1961 auf Cruft's Rassebester wurde. Über die folgenden 30 Jahre züchtete sie weitere 7 UK-Champions, die zusammen 50 CCs und über 100 Reserve-CCs gewannen. Die skandinavische Zucht in Norwegen und Finnland profitierte besonders von Importen aus diesem Zwinger. 1956 richtete Phyllis Wise ihre erste Ausstellung und richtet seither regelmäßig in England einschließlich der Cocker Spaniel-Clubshows und -Crufts wie auch in Übersee.

Frank Kane hat bereits als Schüler Hunde ausgestellt. 1970 erwarb er seinen ersten American Cocker Spaniel. Heute ist Frank Kane Inhaber des berühmten Hirontower-Zwingers, hat eine ganze Reihe von Champions in England und Übersee gezüchtet. Auf vielen Ausstellungen in England und in der ganzen Welt richtete Frank Kane American Cocker Spaniel, einschließlich Cruft's Dog Show 1984. Auch mit seinen Sealyham Terriern hatte Frank Kane im Ausstellungsring viele Erfolge.

Einleitung

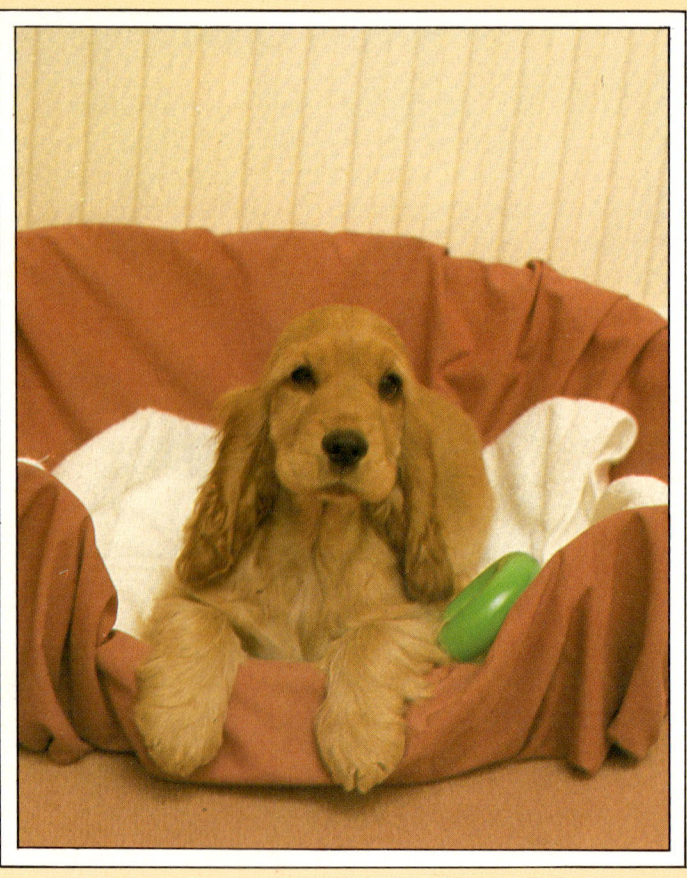

Mit großem Vergnügen habe ich die Einladung angenommen, an einem Buch über Cocker Spaniels mitzuarbeiten. Wenn meine Erfahrungen über nahezu 40 Jahre hilfreich für Anfänger und Fortgeschrittene sein können, teile ich diese gerne mit allen Lesern. Kauf eines Junghundes, Zucht eines ersten Wurfes oder Teilnahme an der aufregenden, manchmal auch enttäuschenden Welt der Hundeausstellungen; hierzu soll dieses Buch Anregungen geben.

Meine Hunde haben mir viel Freude bereitet – sie verlangen so wenig und schenken so viel. Sie haben mein Leben reich gemacht, nicht nur durch ihre Gesellschaft, sondern auch durch das Kennenlernen vieler Menschen als Folge von Besitz, Zucht und Ausstellen meiner Cocker. Die Reisen zum Richten in andere Länder gaben mir die Chance, viele schöne Plätze kennenzulernen; ich hätte mein Leben bestimmt nicht anders verbringen mögen.

Verantwortung

Ein Wort der Warnung an alle die, die mehr als ein vorübergehendes Interesse Hunden widmen möchten: So sehr Hunde unser Leben beherrschen mögen, sollte man nie all die Aktivitäten in unserer Umwelt, all das Interessante, das unser Leben zu bieten hat, dabei vernachlässigen. Hundefreunde, denen Hunde in erster Linie Lebensgefährten sind, werden – da bin ich sicher – durch die Liebe und Gesellschaft, die ein Cocker Spaniel bieten kann große Bereicherung erfahren. Aber bitte, geraten Sie nie in die Versuchung, einen Jung-

Links: *Ein erfahrener Züchter von Cocker Spaniels ist nicht nur die richtige Stelle um Welpen zu kaufen, er ist auch nach dem Verkauf immer gerne mit Rat und Tat behilflich.*

Oben: *Frank Kane mit seinen beiden American Cocker-Lebensgefährten. Cocker Spaniels sind ihrer Größe nach handlich und anpassungsfähig, reisen leicht und glücklich im Auto mit.*

hund zu kaufen, ohne daß Sie sorgfältig die Verantwortung prüfen, die die Fürsorge für einen Hund nun einmal zwingend mit sich bringt. Sie oder ein zuverlässiges Familienmitglied müssen den größten Teil des Tages zu Hause mit dem Hund zusammenleben, ihn füttern, ihn versorgen, ihn als Junghund erziehen. Sie müssen Zugang zu ausreichenden Spazierwegen haben, damit ihr Hund die angemessene Bewegung findet. Sie müssen sich auch unbedingt vergewissern, daß alle Familienmitglieder wirklich ebenso gerne einen Hund haben möchten, wie Sie selbst.

Züchter

Hat man sich für einen Welpenkauf entschieden, ist es besonders wichtig, das Jungtier da zu kaufen, wo alle Voraussetzungen stimmen. Grundsätzlich kauft man Welpen beim erfahrenen Züchter. Er oder sie verfügen über jahrelange Erfahrung in der Rasse, kennen Vorzüge und Probleme der Zucht, sind gerne dabei behilflich, ihre Käufer so zu beraten, daß diese den am besten zu ihnen und ihrer Familie passenden Welpen bekommen. Dabei geht es nicht nur um Typ und Anatomie des Junghundes, sondern auch um sein Wesen. Verantwortungsvolle Züchter helfen Hundekäufern über die gesamte Lebensdauer des gekauften Jungtieres. Man sollte deshalb nie zögern, bei irgendwelchen Problemen den Züchter anzusprechen, oft erscheinen diese Probleme dem Anfänger groß, sind aber für den erfahrenen Züchter eine Routineangelegenheit.

TEIL EINS

DER ENGLISCHE COCKER SPANIEL

13

Kapitel eins

RASSEGESCHICHTE DES ENGLISCHEN COCKER SPANIELS

SPANIELGESCHICHTE

Heute gibt es mehrere, voneinander verschiedene Spaniel-Rassen – die populärste und zahlenmäßig größte ist der Cocker. Ab 1892 wurde der Cocker Spaniel durch den English Kennel Club als Einzelrasse anerkannt; in der Zeit davor waren Cocker die kleineren Mitglieder der großen Familie von Arbeitsspaniels.

Spaniel können über mehrere Jahrhunderte ihre Geschichte zurückverfolgen, das zeigt ihre Wiedergabe in mittelalterlichen Gemälden. Kleine Spaniels treffen wir häufiger in Gemälden von Van Dyke und anderen Künstlern seiner Zeit.

Die früheste Erwähnung von Spaniels in der Literatur geht über viele Jahrhunderte zurück, bis zum 12. Jahrhundert. Chaucer und sein französischer Zeitgenosse Gaston de Foix berichten über einen kleinen Jagdhund, der auch ein beliebter Familienhund war. Beide Autoren erwähnen die jagdlichen Eigenschaften, insbesondere für die Vogeljagd.

Im Jahre 1570 schrieb Dr. Caius, Leibarzt von Queen Elizabeth I., in seinem

---

Unten: *Ch. Lily Obo. Über sie berichtet ihr Besitzer James Farrow aus England: „Lily wurde von den meisten Spaniel-Experten als der typischste Cocker angesehen, der je ausgestellt wurde."*

Buch „Englishe Dogges" über zwei Spaniel-Rassen: über einen Hühnerhund von etwas größerer Gestalt und einen kleinen Spaniel „Spaniell Gentle or Comfortor". Das Wort „Comfortor" bedeutete zu dieser Zeit, daß jegliche Krankheit, an der ein Besitzer litt, auf den Hund übertragen werde, wenn man eng mit ihm zusammenlebte. Zu einem späteren Zeitpunkt kann man lesen, daß Flöhe oder Läuse bei einem solchen Zusammenleben vom Besitzer auf den Hund übertragen wurden.

King Charles II. war bekannt als großer Liebhaber kleiner Spaniels, er gab dem Cavalier seinen Namen. Es ist mehr als wahrscheinlich, daß es zu dieser Zeit nur eine Spanielart gab.

Erst Mitte des 19. Jahrhunderts, als Hundeausstellungen populär wurden, erfolgte dann eine Trennung zwischen größeren und kleineren Spaniels, Spaniels über 25 lbs (11 kg) wurden als Field Spaniels klassifiziert, die unter dem Gewicht liegenden nannte man Cocker. Man nimmt allgemein an, daß die Sussex Spaniels in dieser Übergangsperiode entstanden sind.

Um das Jahr 1890 trennte der English Kennel Club offiziell die einzelnen Spanielrassen.

Unten: *Ch. Ted Obo, Sohn von Ch. Lily Obo. Er stand gleichfalls im Besitz von James Farrow, wurde 1887 gezüchtet, sein kürzerer Körper zeigt bereits einen ersten Schritt in Richtung auf den modernen Cocker.*

Der moderne Cocker

Der Cocker von heute ist das Ergebnis sorgfältiger Zuchtwahl seit Ende des letzten Jahrhunderts.

Etwa im Jahr 1880 wurde der Stammvater der modernen heutigen Rassen English und American Cocker in England geboren – sein Name war Obo. Zu dieser Zeit wurde er als Field Spaniel bezeichnet, über seine Ausstellungskarriere von ungefähr 8 Jahren wurde dieser Hund nie geschlagen. Ch. Obo und seine Nachkommenschaft findet man über die nächsten 20 Jahre in mehr als der Hälfte aller Ahnentafeln – sowohl England wie in den USA.

Seit dieser Zeit haben sich die Cocker in beiden Ländern auf verschiedenen Wegen weiterentwickelt, aber zweifellos entstanden beide moderne Rassen aus einem einzigen Zwinger, der Mr. J. J. Farrow gehörte. Als 1902 der Cocker Spaniel Club in England gegründet wurde, war Mr. Farrow Gründungsmitglied mit anderen Liebhabern, darunter auch Mr. R. Lloyd. Dieser war der Vater von Mr. H. S. Lloyd, dem Besitzer des „Of Ware"-Zwingers. Dieser weltberühmte Zwinger spielt auch in der heutigen Cocker-Zucht noch eine aktive Rolle, er wird von der Tochter von Mr. Lloyd und seinen Enkeln, den Damen Jennifer und Paula Carey geführt.

Während der 30er Jahre bis zum Zweiten Weltkrieg (1939–45) war Mr. Lloyd in Zusammenarbeit mit Mrs. Jamieson Higgins und ihren Falconers Cockers in der Ausstellungswelt eine unbesiegbare Macht. Die Falconers-Hündinnen waren berühmt wegen ihrer besonders schönen

Köpfe und ihres korrekten Typs, viele wurden Stammütter anderer Zwinger.

Nach dem Zweiten Weltkrieg erschienen viele neue Linien im Ausstellungsring, traten mit den alten in Wettbewerb, eine der bekanntesten Linien der Mehrfarbigen kam aus dem Zwinger Colinwood. Ch. Colinwood Cowboy war der erste Nachkriegschampion. Die Colinwood-Hunde waren ab dieser Zeit und über die nächsten 30 Jahre von großem Einfluß mit so berühmten Gewinnern wie Ch. Colinwood Silver Lariot (Inhaber vieler Zuchtrekorde); Sh. Ch. Colinwood Bunting; Sh. Ch. Colinwood Black Eagle und in jüngerer Zeit Ch. Colinwood Beelboy. Mr. Collins' Tochter, Mrs. Phyllis Woolf, ist – wie zuvor ihr Vater – Chairman des Cocker Spaniel Clubs in England.

Viele weitere berühmte Zuchtlinien sind in den letzten 20 Jahren entstanden, besonders erwähnt seien: Thornfalcon, Crosbein, Bitcon, Bournehouse, Styvechale, Quaine, Peasemore, Okell, Craigleith, Matterhorn, Scolys, Weirdene, Lochdene, Classicway, Merryworth, Oxshott, Normanview, Cilleine, Tarling, etc.

Bei den Einfarbigen waren direkt vor und nach dem Zweiten Weltkrieg besonders einflußreich: Broomleaf, Treetrops, Lochranza, Sixshot und Misbourne. Viele dieser Zwinger stellen noch bis zum heutigen Tage erfolgreich aus.

Ander wohlbekannte Zwinger mit Zucht- und Ausstellungserfolgen sind: Kavora, Astrawin, Kenavon, Olanza, Canigou, Quettadene, Sorbrook und Helenwood, etc.

Eine Reihe von Änderungen und Verbesserungen kennzeichnen die Cocker-Zucht über die Jahre: vergleicht man Fotos der Rasse vor 50 Jahren mit denen von heute, sind diese Änderungen und Verbesserungen offensichtlich. Am meisten fällt die Verbesserung des Typs auf, der heute viel ausgeglichener ist. Das Fell zeigt mehr Befederung, die Rücken wurden kürzer, das Gesamtbild ist das eines besser ausbalancierten Hundes.

Unten: *Ch. Fairholme Rally, ein sehr berühmter Ausstellungssieger um die Jahrhundertwende. Er wurde intensiv als Zuchtrüde eingesetzt, steht hinter vielen Siegern seiner Blauschimmelfärbung.*

Oben: *Stich von Ch. Obo mit Ch. Lily Obo, beide sind Vorfahren der heutigen Zucht. Obo war lang im Rücken, kurz auf den Läufen, das war in den 1880er Jahren so Mode.*

Unten: *Gemälde von drei Cocker-Köpfen zu Beginn des 20. Jahrhunderts. Jeder dieser Köpfe zeigt auf seine eigene Art die Rassemerkmale von Arbeitsfreudigkeit und Bereitschaft zur Unterordnung.*

Kapitel zwei

EIGENSCHAFTEN DES ENGLISCHEN COCKER SPANIELS

Nach 1945 wurde der Cocker zum großen Favoriten der hundeliebenden Öffentlichkeit in Stadt und Land. Der Hund ist von kompakter Größe, robust aufgebaut. Findet er ausreichend Bewegung, paßt er sich allen Umweltverhältnissen gut an. Der größte Vorzug des Cockers ist sein fröhlicher, liebenswerter Charakter, verbunden mit seiner stetigen Bereitschaft, seinem Herrn zu gefallen, sich an allen Aktivitäten zu beteiligen.

Auf der Jagd

Als Jagdhund hat der Cocker nie seine natürlichen Jagd- und Apportierinstinkte verloren, obgleich heute naturgemäß die Möglichkeiten, ihn auf der Jagd einzusetzen, ziemlich eingeschränkt sind. Aber es gibt noch immer eine Reihe von Jagdhundeverbänden, die ihre Mitglieder zur jagdlichen Arbeit anhalten, Wochenendkurse abzuhalten, wo es möglich ist, einen Cocker auf ein recht gutes Leistungsniveau zu bringen.

Im Ausstellungsring

Cocker sind heute am Ausstellungsge-

Unten: *Ursprünglich wurde der Cocker Spaniel als Jagdhund zum Aufstöbern von Wild aus dichtem Unterholz verwandt. In jüngerer Zeit wurde er immer mehr zum Allzweck-Jagdgebrauchshund.*

schehen in wesentlichem Umfang beteiligt. Der Cocker wurde aufgrund seines fröhlichen, rassetypischen Wesens zum erfolgreichen Ausstellungshund, bietet all denen, die den Reiz des Wettbewerbs lieben, einen guten Partner, mehr hierzu in den Kapiteln über Ausstellungen auf den Seiten 30 bis 37 und 105–113.

Familien- und Begleithund

Bei weitem die meisten Cocker verbringen ihr Leben als Familienhunde. Aufgrund ihrer mittleren Größe können sie überall mit dabei sein, sind leicht zu behandeln, passen auch in das Familienauto. Als Haushund warnt der Cocker vor dem Eindringen Fremder, richtig erzogen ist er ein guter Wachhund. Der Cocker ist aber kein Hund, den man über längere Zeit allein lassen könnte, keinesfalls würde ich einen Cocker empfehlen, wenn sein Besitzer den ganzen Tag über außerhalb des Hauses arbeiten muß. Cocker sind – insbesondere in ihrer Jugend – außerordentlich neugierig und unternehmungslustig, finden sie nicht die notwendige Gesellschaft, laufende Anregung, werden sie unwillig, können eine Menge Ärger auslösen.

Der Cocker hat einen ausdrucksstarken Kopf mit langen, befederten Behängen, besonders als Jungtier gibt es wenige Hunderassen, die attraktiver wären. Aber gerade wegen der starken Befederung brauchen erwachsene Cocker regelmäßig Pflege, was natürlich für einen vielbeschäftigten Stadtbewohner an einem nassen Tag auch Verpflichtung bedeutet. Plant man jedoch von vornherein täglich eine kurze Pflegezeit ein, sollte das Haarkleid des Cockers nicht zu viele Probleme mit sich bringen (vergleiche das Kapitel über Fellpflege S. 23–25).

Lebt ein Cocker draußen im freien Land, ist er in seinem natürlichsten Element. Jeder, der das unermüdliche Rutenspiel des frei durch Wald und Feld stöbernden Cockers beobachtet, erkennt, daß dieses die natürlichen Instinkte eines Hundes anzeigt. Die Vorfahren der modernen Cocker waren Arbeits- und Jagdhunde, was durch frühe Schriften und alte Gemälde bestätigt wird.

Unten: *Cocker-Welpen und Kätzchen können zu engsten Freunden werden, besonders wenn sie gemeinsam aufwachsen.*

Kapitel drei

AUSWAHL
UND
KAUF

Oben: *Dieses hübsche Familienfoto zeigt eine Blauschimmel-Cockerhündin mit ihren vier Welpen. Zwei davon ähneln in der Farbe ihrer Mutter, die beiden anderen sind Blauschimmel mit lohfarbenen Abzeichen, bieten den Käufern eine zusätzliche Farbwahl.*

Rechts: *Vier der zahlreich verfügbaren Farbschläge: oben links Orangeschimmel; oben rechts Blauschimmel mit lohfarbenen Abzeichen; unten links Blauschimmel; unten rechts rot. Weitere Farbschläge werden über das ganze Buch vorgestellt.*

Bei der Auswahl des richtigen Hundes für jeden einzelnen Hundebesitzer muß eine Reihe von Gesichtspunkten geprüft werden.

Geschlecht
Rüde oder Hündin, dies ist meist die erste Überlegung. Hierbei handelt es sich wirklich um eine Frage des persönlichen Geschmacks, es gibt wenig konkrete Hinweise, wonach zwischen den Geschlechtern Unterschiede in Temperament oder Wesen vorhanden wären. Im allgemeinen besteht die Auffassung, ein Rüde könne hinsichtlich Stubenreinheit etwas schwierig zu erziehen sein, halte man ihn unkastriert, stromere er und könnte leicht Ärger bereiten, wenn in der Nachbarschaft eine Hündin heiß ist. Dies ist aber in erster Linie eine Frage der Erziehung, kann notfalls durch Kastrieren gelöst werden. Auf der anderen Seite braucht eine Hündin zusätzliche Fürsorge während ihrer zweimal jährlich auftretenden Hitze. Wiederum wäre eine Neutralisation die beste Antwort auf solche saisonalen Probleme. Will man mit einer Hündin nicht züchten, kann man eine solche Operation nach der ersten Hitze durchführen lassen.

Vor etwa 30 Jahren waren Rüdenwelpen außerordentlich beliebt, über die Jahre hat sich die Situation jedoch völlig verändert, heute ist es in aller Regel genau umgekehrt.

Farben
Bei Cockern gibt es eine Vielzahl sehr hübscher Farben:

die Einfarbigen variieren von tiefschwarz bis leuchtend rot (auch goldfarben genannt), zu den Mehrfarbigen gehören Blauschimmel, Orangeschimmel, Braunschimmel, Blauschimmel mit Lohfarben; geplattete Cocker in schwarz-weiß, schwarz-weiß und lohfarben, orangeweiß; hinzu treten Schwarzlohfarbene und ein paar Schokoladenfarbene mit lohfarbenen Abzeichen. Nochmals, die Auswahl der Farbe ist ausschließlich eine Frage des persönlichen Geschmacks, alle Farben haben ihren eigenen Reiz. Im allgemeinen gilt: ein guter Hund hat keine schlechte Farbe.

Welpenkauf

Hat man sich hinsichtlich Geschlecht und Farbe entschlossen, sollte man einen Züchter von gutem Ruf aufsuchen, der gerade Cocker der gewünschten Art züchtet. Einzelheiten findet man in Hundefachzeitschriften, in England in „Our Dogs" oder „Dog World", in USA in „Dog World", „Pure-Bred-Dogs" und „American Kennel Gazette", in Deutschland „Unser Rassehund", in Österreich „Unsere Hunde", in der Schweiz „Hunde-Haltung Zucht Sport".

Möchte man seinen Welpen ausschließlich als Familienhund kaufen, sollte man sich weitgehend auf die Auswahl eines gesunden, fröhlichen, gut ernährten und attraktiven Jungtieres konzentrieren, dieses im Alter von etwa 8 Wochen beim Züchter kaufen, ohne sich übertrieben um die Einzelheiten der Rassestandards zu kümmern. Hat man aber die Absicht, seinen Hund später einmal auf Ausstellungen zu zeigen, eventuell mit ihm zu züchten, dann gibt es bei der Auswahl von Welpen bestimmte Gesichtspunkte, die man unbedingt beachten sollte. Näheres finden Sie auf Seite 34 über die Auswahl eines Junghundes für Ausstellungszwecke.

Am besten wählt man einen lebhaften Junghund, der freudig frißt, mit seinen Wurfgeschwistern spielt. Ein ruhiger oder gar scheuer Junghund, den man manchmal aus Mitleid mitnehmen möchte, ist in der Regel keine gute Wahl. Man sollte die Ohren des Jungtieres auf Geruch oder Ausfluß prüfen, sie sollten sauber und rosa sein. Auch die Augen müssen glänzen, der Fang saubere, weiße Welpenzähne zeigen. Das Fell des jungen Hundes sollte leuchtend sein. Junge Hunde haben immer gerade „die richtige Menge Fleisch", das heißt, sie sind weder zu fett, noch zu mager.

Unten: Hat man sich für Farbe und Geschlecht entschieden, sind verantwortungsbewußte Züchter gerne bereit, bei der Auswahl der Welpen zu helfen. Die wichtigste Frage lautet immer, welcher Welpe am besten in die Familie des Käufers paßt.

Kapitel vier

PFLEGE DES ENGLISCHEN COCKER SPANIELS

Cocker sind eine Hunderasse, die regelmäßige Fellpflege braucht. Läßt man die „Befederung" zu dick werden, verfilzen, ergibt sich hieraus zwangsläufig die Schlußfolgerung, daß alles abgeschnitten werden muß und mit dem neuen Wachstum das gleiche Problem erneut entsteht. Werden aber täglich nur ein paar Minuten damit verbracht, das Fell durchzubürsten, insbesondere die Befederung an Ohren und Läufen (immer nur trocken!), kann eine so unangenehmen Entwicklung problemlos vermieden werden.

Bürsten und Kämmen des Junghundes

Vernünftige Züchter gewöhnen die Junghunde schon ab einem Alter von 4 bis 5 Wochen an tägliche Fellpflege, verwenden eine weiche Bürste. Dies tut nicht nur dem Junghund gut, es ermöglicht gleichzeitig dem Züchter, jedes Anzeichen von Störungen früh zu erkennen, zum Beispiel Parasitenbefall oder Verletzungen aufgrund der rauhen Behandlung durch die Wurfgeschwister. Auch die Nägel des Welpen müssen regelmäßig geschnitten werden, um die säugende Mutterhündin zu schützen.

Direkt nach Übernahme eines Welpen beginnt beim neuen Besitzer die Fellpflegeroutine. Über die ersten Wochen braucht man täglich nur eine Minute, in diesem Alter ist es in erster Linie eine Übung, um Junghund und Hundebesitzer daran zu gewöhnen. Ich empfehle, die Fellpflege morgens vorzunehmen, ehe Haarkleid und Befederung naß werden, insbesondere an feuchten Tagen. Im jugendlichen Alter braucht man nur eine weiche Bürste und einen feinzahnigen Kamm mit stumpfen Zähnen, damit wird

sorgfältig gebürstet und durchgekämmt. Am besten setzt man sich selbst auf den Boden, um den Junghund sorgsam zu bürsten. Man beginnt am Kopf mit den beiden Ohren, dann den Hals entlang über den Rücken, dann beide Flanken und zum Schluß die Läufe herunter, Vorder- wie Hinterläufe. Man braucht einen feinzahnigen Kamm, um totes Haar zu entfernen und für die Parasitenbekämpfung (siehe Seiten 87/88, Ratschläge zur Parasitenbekämpfung). Gibt es am Ende der Fellpflege immer einen Leckerbissen, etwa ein Schokoladedrops (für Hunde), verbindet sich Haarpflege im Kopf eines Hundes mit einer angenehmen Erfahrung.

Fellwechsel

Bis zur Vollendung des ersten Lebensjahres verändert sich das Hundefell mehrfach. Beim Welpen ist das Haar kurz, glänzend und nahezu ohne Befederung an Läufen, Ohren und Bauch. Etwa im Alter von 6 Monaten wird die Befederung länger und dichter, man muß gut aufpassen, ein Verfilzen zu vermeiden, das habe ich schon betont. Insbesondere kommt es leicht in den Armhöhlen zu Verfilzungen, nach meiner Meinung sind die Laufbewegungen des Hundes hierfür ursächlich. Es ist vernünftiger, diesen Bereich von jeder Befederung frei zu halten, wenn sie immer wieder verfilzt, denn dies ist nicht nur eine besonders empfindliche Stelle, naß geworden sind die Verfilzungen auch für den Hund recht lästig. Hat man einen schwarzen Cocker gewählt, beginnt aller Wahrscheinlichkeit nach die Befederung des Junghundes im Alter von 3 bis 4 Monaten, besonders an Ohren und Vorderläufen. Andere Farbschläge sind auch ausgewachsen gewöhnlich weniger stark be-

Kapitel fünf

ZUCHT: ERBLICHE ERKRANKUNGEN

Für die große Mehrheit der Cockerbesitzer ist dieses Thema uninteressant, es gibt aber immer ein paar Hundefreunde – wie mich, – die sich zunächst einen Welpen kaufen, ein paar Bücher über die Rasse lesen und dann sich für den weiteren Schritt entschließen, nämlich von ihrer geliebten Hündin einen Wurf zu züchten. Im Rückblick glaube ich – was mich angeht – würde alles nochmal von Neuem anfangen, ginge ich den gleichen Weg. Es bedarf aber sorgfältigen Nachdenkens, ehe man sich auf ein so ernsthaftes Unterfangen wie Hundezucht einläßt. Es ist nicht nur eine sehr große Verantwortung, es ist auch sehr harte Arbeit, manchmal wird es auch noch zusätzlich teuer. Etwa über die erste Woche nach Ankunft der Welpen bedarf es einer Überwachung von Mutter und Welpen über 24 Stunden. Die meisten Cockerhündinnen werfen leicht, aber wie bei allen Tieren gibt es Ausnahmen, eine gute Verbindung zum Tierarzt, den man unbedingt rechtzeitig über den bevorstehenden Wurf unterrichten sollte, ist ganz wichtig.

Erbkrankheiten

Ehe man von irgendeiner Hündin züchtet, muß man die Frage Erberkrankungen sorgfältig prüfen. Auf den ersten Blick erscheint die Liste an Erbkrankheiten beim Cocker Spaniel etwas entmutigend, man sollte sich aber vor Augen halten, daß man eine solche Liste für jede Hunderasse aufstellen könnte. Die große Mehrheit der Cocker leidet an keiner der hier aufgezählten Krankheiten.

Vor Beginn der Zucht bittet man einen erfahrenen Züchter um Rat, er kennt die Blutlinien, die von möglichen Erberkrankungen befallen sind, wird sicherlich davon abraten, auf bestimmte Blutlinien zu doppeln. Natürlich gibt es immer die Möglichkeit, daß etwa Unerwartetes auftritt – Gutes oder Schlechtes – die Kunst des Hundezüchters liegt aber gerade darin, solche Zufälle nach Möglichkeit auszuschließen. Tritt trotz sorgfältiger

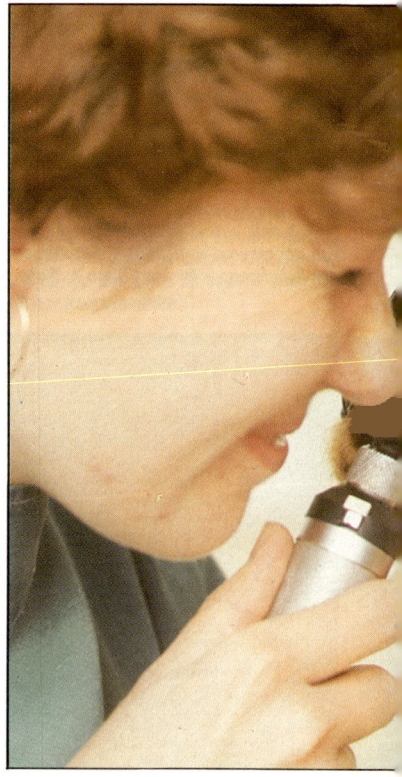

Zuchtwahl in einem Wurf eines der nachstehenden Probleme auf, sollte man auf keinen Fall diese Paarung wiederholen, auch Paarungen mit eng verwandten Tieren meiden.

Erbliche Starerkrankung (Hereditary Cataract/HC) Starerkrankungen können in einem Hundeleben recht früh auftreten, bereits mit einem Jahr, oder sie entwickeln sich viel später. Sie können ein oder beide Augen befallen, teilweise oder völlige Blindheit verursachen.

Es gibt Streit über die Erbgesetze der Starerkrankung (HC). Die überwiegende Meinung geht heute dahin, daß diese Erkrankung rezessiv vererbt wird, was das Problem besonders schwierig macht, denn es gibt Gefahren durch sogenannte Erbträger. Ein solcher Erbträger ist ein Tier, das selbst von der Erkrankung nicht befallen wird, aber das Erbgut für die Krankheit in seinen Chromosomen aufweist. Paart man dieses Tier mit einem weiteren Träger, wird die Krankheit übertragen. Aus diesem Grund ist es durchaus möglich, aus zwei klinisch unbefallenen Elterntieren einen hohen Prozentsatz befallener Nachkommen zu züchten. Man kann einen solchen Träger medizinisch nicht erkennen, man muß aber unbedingt wissen, daß beide Elterntiere eines befallenen Hundes selbst entweder erkrankt oder Träger sein müssen.

Es gibt 6 mögliche Paarungskombinationen, auf der Annahme beruhend, daß jedes Elterntier entweder frei befallen oder Träger ist.

In den Würfen ergibt sich nachstehendes Durchschnittsergebnis:
1. Beide Eltern befallen – alle Welpen befallen.
2. Ein Elternteil befallen, ein Elternteil Träger – 50 % befallen, 50 % Träger.
3. Ein Elterntier befallen, ein Elterntier frei – alle Nachkommen Träger.

Unten: Tierärztin mit Opthalmosokop bei der Augenprüfung auf Anzeichen erblicher Augenerkrankung. Hierzu gehören erblicher Star, fortschreitende Netzhautablösung und Entropium. Von befallenen Tieren sollte man keinesfalls züchten.

4. Beide Eltern Träger – 50 % Träger, 25 % frei, 25 % befallen.
5. Ein Elterntier frei, ein Elterntier Träger – 50 % Träger, 50 % frei.
6. Beide Elterntiere frei – alle Nachkommen frei.

Solche Forschungsergebnisse haben für alle Cocker-Züchter, einschließlich amerikanischen Cocker (siehe S. 56/57, ernsthafte Folgen. Es wäre unanständig, von irgendeinem befallenen Tier zu züchten, unklug, mit einem Tier zu züchten, in dessen Wurf ein befallenes Tier war. Keinesfalls züchte man mit Sohn oder Tochter eines befallenen Tieres. Man halte sich vor Augen, daß, wenn ein Rüde oder eine Hündin ein befallenes Jungtier gebracht haben, hieraus zwangsläufig erfolgt, daß beide Elternteile **Träger sein müssen**. In allen Paarungen steckt daher einiges Risiko.

Eine zusätzliche Erschwernis, solche Erkrankungen zu bekämpfen und zu meiden, liegt in der Tatsache, daß in einigen Fällen HC erst im mittleren Alter oder noch später entdeckt wird. Bis zu diesem Zeitpunkt wurde mit dem Hund gezüchtet, die Erkrankung weiter übertragen. Aus diesen Tatsachen kann man einige gute allgemeine Ratschläge für die Zucht geben: Bei Cockern sollte man nicht von zu jungen Zuchttieren züchten, am besten erst ab einem Alter von 3 Jahren, da in aller Regel bis zu diesem Zeitpunkt HC ausgebrochen ist. Ältere Hunde, bei denen die Krankheit nicht auftritt und die nie befallene Nachzuchten gezeugt haben, sind die sichersten Zuchtpartner, für einen ernsthaften Züchter Gold wert.

Progressive Netzhautablösung (Progressive Retina Atrophy/PRA). PRA erkennt man zunächst, wenn ein Hund nachts Sehschwierigkeiten hat („Nachtblindheit"), von diesem ersten Stadium degeneriert die Netzhaut bis zur völligen Blindheit.

Wiederum besteht allgemein Übereinstimmung, daß PRA durch ein rezessives Gen übertragen wird, also demselben Erbschema folgt wie der erbliche Star. So gilt hinsichtlich Diagnose und Zuchtprinzipien hier das Gleiche, allerdings ist es möglich, schon relativ früh PRA beim Hund zu diagnostizieren. Hierzu verhilft uns die fortgeschrittene tierärztliche Technologie – man verwendet ein elektronisches Retinagramm, kann damit das Risiko, mit befallenen Tieren zu züchten, auf ein Minimum bringen.

Entropium Hierbei dreht sich das Augenlid nach innen, verursacht eine Reizung des Auges. Die Erkrankung kann meist operativ beseitigt werden, man sollte aber von befallenen Tieren nie züchten.

Hüftgelenkdysplasie Hierbei handelt es sich um eine Abnormalität des Hüftgelenks, die einseitig oder beidseitig auftritt. Die daraus resultierende Lahmheit hängt in ihrer Schwere von dem Grad der Erkrankung ab. Nur leichte Hüftgelenkdysplasie zeigt keine klinischen Symptome. Die Vererbung beruht auf einer Vielzahl von Faktoren, ist daher schwer vorauszusagen. Sorgfältige und frühzeitige Untersuchungen der Nachzuchten ermöglichen eine gezielte züchterische Bekämpfung der Krankheit (ab 12 Monaten).

Kniegelenkluxation Diese Erkrankung kann einen oder beide Hinterläufe befallen. Die Erkrankung wird dadurch ausgelöst, daß die Bänder, welche die Kniekapsel (Patella) zusammenhalten, schwach sind, dadurch auslösen, daß das Knie seine natürliche Lagerung verläßt. Diese Erkrankung ist meist, aber nicht immer, schmerzhaft.

Wesensschwächen Jüngere Untersuchungen sprechen davon, daß es hierfür ein klar umrissenes Erbmuster gibt. Ich persönlich würde aber nie von einem Hund züchten, bei dem das Wesen nicht in Ordnung ist, keinesfalls von einem aggressiven Hund. Man muß wissen, daß

schlechte Aufzuchtverhältnisse – fehlende Sozialisation mit Menschen wie Tieren – schwere Schäden im Verhaltensmuster von Hunden auslösen können.

Nierenschrumpfung Dieses Problem wurde gerade in jüngster Zeit tierärztlich umfassend untersucht, klinisch wie genetisch abgeklärt. Die Auffassung geht dahin, daß ein rezessives Gen die Erkrankung auslöst. Danach muß man annehmen, daß wenn ein solcher Fall auftritt, beide Elterntiere Träger der Erkrankung sind. Gewöhnlich treten erste Symptome im Alter von 6 bis 12 Monaten auf, wurden aber auch schon bei jüngeren oder älteren Jungtieren beobachtet. Die Diagnose erfolgt über den Urintest. Krankheitssymptome sind Gewichtsverlust, starker Durst, zögernde Futteraufnahme, allgemeine Abgeschlagenheit. Von Trägern sollte man ohne tierärztliche Beratung keinesfalls züchten, in zuchtwertvollen Einzelfällen empfiehlt sich einmalige Testpaarung.

Erkrankte Welpen
Über die Jahre haben die Rassehunde-Zuchtclubs eine ganze Reihe von Schritten eingeleitet, um Erbkrankheiten einzuschränken, ehe sie „epidemisch" werden. Leider ist die Welt der Hundezucht ebenso wenig perfekt wie die Welt überhaupt. Einige verantwortungslose Züchter, denen es um „das schnelle Geld" geht, haben sich um das verfügbare genetische Wissen wenig gekümmert, haben trotzdem mit befallenen Tieren weitergezüch-

Oben: *Ein Wurf schwarzweißer Cockerwelpen, in den äußeren Formen nahezu identisch, aber ihr genetisches Erbmuster wird die Farbe ihrer eigenen Kinder bestimmen.*

tet. Hierdurch wurden die Erkrankungen noch weiter verbreitet.

Ein Käufer, der einen Junghund mit solchen Krankheiten unglücklicherweise erworben hat, sollte als erstes mit dessen Züchter Kontakt aufnehmen. Es kann durchaus sein, daß der Züchter noch gar nicht erkannt hat, daß sein Zuchtstamm von einer Erbkrankheit befallen ist. Es ist von entscheidender Wichtigkeit, solche Krankheiten dem Züchter ganz klar mitzuteilen, sodaß er zumindest eine Wiederholung der Paarung mit den Elterntieren der befallenen Welpen vermeiden kann. Die Zuchtvereine würden es zweifelsohne begrüßen, wenn auch sie über das Auftreten von Erbkrankheiten lückenlos unterrichtet würden. Wir haben im Anhang dieses Buches die Adressen aufgeführt.

Es sollte durchaus möglich sein, daß der Züchter dem Käufer auf die eine oder andere Art einen Ausgleich bietet. Er könnte den Welpen zurücknehmen, durch einen gesunden ersetzen, er könnte auch einen Teil oder den ganzen Kaufpreis zurückerstatten, um damit Geld für eine Operation oder andere Behandlung zur Gesundheit des befallenen Hundes beizusteuern.

Kapitel sechs

AUSSTELLUNG DES ENGLISCHEN COCKER SPANIEL

Jede Hunderasse hat ihren eigenen Rassestandard, den der Richter im Ausstellungsring auf jeden Hund anwendet. Sieger ist der Hund, der nach Meinung des Richters dem Idealbild des Rassestandards am nächsten kommt. Der Standard enthält alle erwünschten Einzelheiten von Körperbau und Wesen, die den typischen Vertreter der Hunderasse ausmachen.

Englischer Rassestandard

General Appearance Merry, sturdy, sporting; well balanced; compact; measuring approximately same from withers to ground as from withers to root of tail.

Characteristics Merry nature with ever-wagging tail shows a typical bustling movement, particularly when following scent, fearless of heavy cover.

Temperament Gentle and affectionate, yet full of life and exuberance.

Head and Skull Square muzzle, with distinct stop set midway between tip of nose and occiput. Skull well developed, cleanly chiselled, neither too fine nor too coarse. Cheek bones not prominent. Nose sufficiently wide for acute scenting power.

Eyes Full, but not prominent. Dark brown or brown, never light, but in the case of liver, liver roan, and liver and white, dark hazel to harmonise with coat; with expression of intelligence and gentleness but wide awake, bright and merry; rims tight.

Ears Lobular, set low on a level with eyes. Fine leathers extending to nose tip. Well clothed with long straight silky hair.

Mouth Jaws strong with a perfect, regular and complete scissor bite, i. e. Upper teeth closely overlapping lower teeth and set square to the jaws.

Neck Moderate in length, muscular. Set neatly into fine sloping shoulders. Clean throat.

Forequarters Shoulders sloping and fine. Legs well boned, straight, sufficiently short for concentrated power. Not too short to interfere with tremendous exertions expected from this grand, sporting dog.

Body Strong, compact. Chest well developed and brisket deep; neither too wide nor too narrow in front. Ribs well sprung. Loin short, wide with firm, level topline gently sloping downwards to tail from end of loin to set on of tail.

Hindquarters Wide, well rounded, very muscular. Legs well boned, good bend of stifle, short below hock allowing for plenty of drive.

Feet Firm, thickly padded, cat-like.

Tail Set on slightly lower than line of back. Must be merry in action and carried level, never cocked up. Customarily dokked but never too short to hide, nor too long to interfere with the incessant merry action when working.

Gait/Movement True through action with great drive covering ground well.

Coat Flat, silky in texture, never wiry or wavy, not too profuse and never curly. Well feathered forelegs, body and hindlegs above hocks.

Colour Various. In self colours no white allowed except on chest.

Size Height approximately: Dogs 39–41 cms; Bitches 38–39 cms. Weight approximately: 12,7–14,5 kg.

Faults Any departure from the foregoing points should be considered a fault and the seriousness with which the fault should be regarded should be in exact proportion to its degree.

Note Male animals should have two apparently normal testicles fully descended into the scrotum.

F.C.I.-Standard Nr. 5 vom 02.03.1988
Ursprungsland: Großbritannien
Allgemeines Erscheinungsbild Fröhlich, robust, sportlich, gut ausgewogen, kompakt; mißt ungefähr gleich viel vom Widerrist zum Boden wie vom Widerrist zur Schwanzwurzel.
Charakteristika Fröhliches Wesen mit unermüdlichem Rutenspiel, zeigt eine typische eifrige Bewegung, hauptsächlich beim Folgen einer Spur, unerschrocken in unwegsamem Dickicht.

Wesen Sanft und anhänglich, jedoch voller Überschwang.

Kopf und Schädel Quadratischer Fang mit ausgeprägtem Stop, der in der Mitte zwischen Nasenspitze und Hinterhauptbein placiert ist. Schädel gut entwickelt, klar gemeißelt, weder zu fein noch zu grob. Backenpartie nicht hervortretend. Nase genügend groß zur leichten Aufnahme schwacher Witterung.

Augen Groß, aber nicht hervorstehend. Dunkelbraun oder braun, niemals hell, aber bei Leberbraunen, Leberbraunschimmeln und Leberbraun/Weißen dunkelhaselnußfarben, harmonierend mit

Skelett
1 Unterkiefer 2 Oberkiefer 3 Augenhöhle 4 Oberkopf 5 Atlas 6 Axis 7 Halswirbel 8 Schulterblatt 9 Rückenwirbel 10 Rippen 11 Lendenwirbel 12 Becken 13 Rutenwirbel 14 Zehenglieder 15 Wadenbein 16 Schienbein 17 Hintermittelfußknochen 18 Kniescheibe (Patella) 19 Elle 20 Oberarm 21 Speiche

Äußere Merkmale
A Fang B Vorderschädel C Stop D Backen E Hinterhauptbein F Hals G Schulter H Widerrist I Rücken J Lende K Kniegelenk L Rute M Sprunggelenk N Befederung O Brustkorb P Unterarm Q Vordermittelfuß R Vorbrust
Die Zeichnung basiert auf dem Kennel Club Standard (UK).

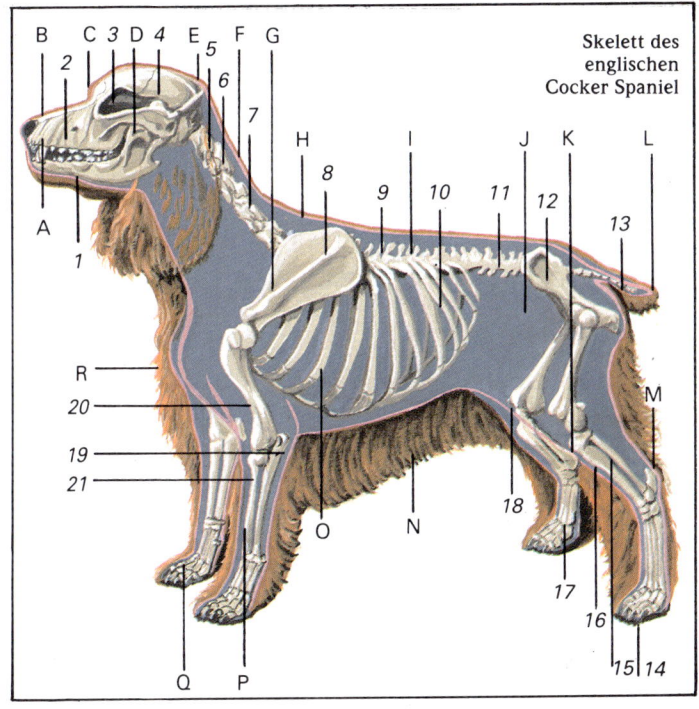

Skelett des englischen Cocker Spaniel

dem Haarkleid; mit einem intelligenten und sanften Ausdruck, aber hellwach, leuchtend und fröhlich; straffe Lidränder.

Behang Lappig, in Augenhöhe angesetzt. Leder dünn, bis zur Nasenspitze reichend. Gut bedeckt mit langem, glattem, seidigem Haar.

Gebiß Kräftige Kiefer mit einem perfekten, regelmäßigen und vollständigen Scherengebiß, wobei die obere Schneidezahnreihe ohne Zwischenraum über die untere greift und die Zähne senkrecht im Kiefer stehen.

Hals Mittlere Länge, muskulös. Schön eingelassen in gut schrägliegende Schultern. Trockener Hals.

Vorhand Schultern schräg und trokken. Läufe von guter Knochenstärke, gerade, ausreichend kurz für konzentrierte Kraftentfaltung. Nicht zu kurz, um nicht den enormen Eifer zu beeinträchtigen, der von diesem großartigen Jagdhund erwartet wird.

Gebäude Kräftig, kompakt, Brustkorb gut entwickelt, tiefreichendes Brustbein, weder zu breit noch zu eng in der Front. Rippen gut gewölbt. Feste, gerade Rückenlinie, Lende kurz und breit, die vom Ende bis zum Rutenansatz hin leicht geneigt ist.

Hinterhand Breit, gut gerundet, sehr muskulös, Läufe von guter Knochenstärke. Gut gewinkeltes Kniegelenk, tief

sitzendes Sprunggelenk, wodurch viel Schub ermöglicht wird.

Pfoten Fest, dick gepolstert, der Katzenpfote ähnlich.

Gangwerk/Bewegung Einwandfreie Aktion, mit viel Schub und Raumgriff.

Rute Etwas unterhalb der Rückenlinie angesetzt. Muß fröhlich bewegt und gerade getragen werden, niemals in die Höhe gerichtet. Herkömmlicherweise kupiert, aber nie zu kurz, daß sie sich dem Blick entzieht, noch zu lang, daß die unermüdliche, fröhliche Bewegung beim Arbeiten beeinträchtigt wird.

Haarkleid Glatt, seidige Beschaffenheit, niemals drahtig oder wellig, nicht zu reichlich und niemals lockig. Gebäude, Vorderläufe und Hinterläufe über dem Sprunggelenk gut befedert.

Farbe Verschiedene. Bein Einfarbigen kein Weiß erlaubt außer an der Brust.

Größe Ungefähre Höhe: Rüde 39–41 cm; Hündinnen 38–39 cm. Ungefähres Gewicht: 12–14,5 kg.

Fehler Jede Abweichung von den vorgenannten Punkten sollte als Fehler angesehen werden, dessen Bewertung im genauen Verhältnis zum Grad der Abweichung stehen sollte.

Anmerkung Rüden sollten zwei offensichtlich normal entwickelte Hoden aufweisen, die sich vollständig im Skrotum befinden.

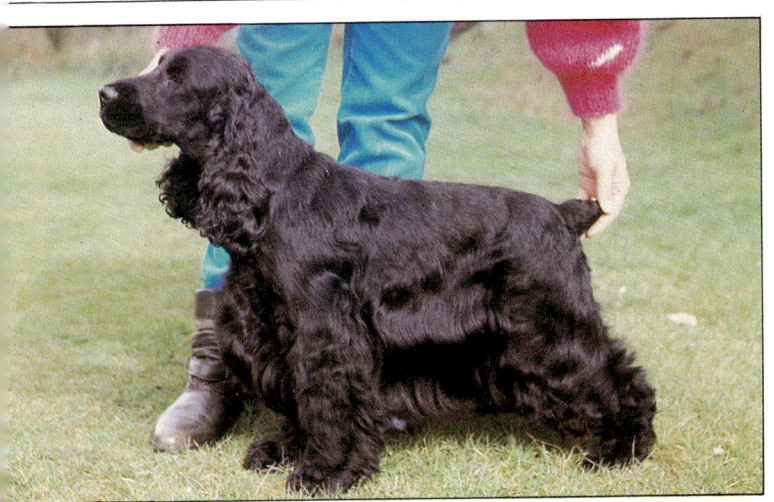

Oben: *Sh. Ch. Canigou Mr. Happy, 1986 in England Cocker des Jahres. Dieser Hund illustriert vorzüglich die gewünschte Anatomie.*

WELPENAUSWAHL FÜR AUSSTELLUNGSHUNDE

Selbst der erfahrendste Züchter ist nicht in der Lage, bei einem 8 Wochen alten Welpen mit Sicherheit vorauszusagen, wie dieser als erwachsener Hund aussehen wird. Alles, was man zu dieser Zeit sagen kann, ist, ob ein Welpe verspricht, zu einem würdigen Vertreter der Rasse heranzuwachsen. Möchte man unbedingt ein Ausstellungstier haben, ist es immer ratsam, einen Cocker frühestens im Alter von 9 Monaten zu kaufen. Bis zu diesem Alter sollte ein Cocker seine Erwachsenengröße erreicht haben, die zweiten Zähne alle vorhanden sein. Jetzt kann man auch erkennen, wie sich das Haarkleid, der Bewegungsablauf und das Wesen entwickeln. Ein solch älterer Junghund wird natürlich mehr kosten, er mußte vom Züchter durchgeimpft, ernährt, erzogen und über weitere 6 bis 7 Monate betreut werden, all dies kostet Zeit und Geld.

Ein Welpe sollte gut auf den Läufen stehen, gute Winkelung haben, in keiner Körperpartie irgendwelche Übertreibungen zeigen. Sein Kopf muß gut ausbalanciert sein, das heißt, Oberkopf und Vorderkopf sollten ungefähr gleich breit sein. Stop und Augenstellung sollten etwa in der Mitte des Schädels liegen, Augen weder zu klein noch zu groß, wichtig ist der korrekte Ausdruck, der nach dem Rassestandard „sanft" sein muß, (nähere Einzelheiten siehe Rassestandard). Die Rute sollte nicht über der Rückenlinie getragen werden, man muß aber wissen, daß Welpen eine hohe Rutenhaltung aufgrund von Erregtsein und Lebensfreude zeigen. Wenn irgend möglich sollte man sich beide Elternteile ansehen, sind sie in dieser Hinsicht in Ordnung, kann man dies mit hoher Wahrscheinlichkeit auch von den Welpen erwarten.

Das Qualitätsniveau der Zucht ist heute vorzüglich, geht man zu einem verläßlichen Züchter, wird man zweifellos künftig auch stolzer Besitzer eines typischen Cockers sein.

Unten: Ein wunderschöner goldfarbener Junghund mit dem idealen sanften Augenausdruck, gut ausgeprägtem Stop und Ausgewogenheit von Oberkopf und Fang.

Unten rechts: Überschüssige Haare kann man mit der Finger-Daumen-Methode entfernen, diese Technik durch Verwendung von Kreide oder Fingerlingen verbessern.

FELLPFLEGE FÜR
AUSSTELLUNGEN

Die richtige Fellpflege für den Ausstellungsring ist eine Langzeitaufgabe. Will man hier wirklich Perfektion erreichen, muß man eine ganze Reihe von Faktoren berücksichtigen. Richtige Bewegung ist wichtig, sie stärkt die Muskeln, verbessert die Blutzirkulation der Haut, führt dabei zu maximalem Fellwachstum. Fütterung ist ebenso wichtig, die Ernährung des Tieres spiegelt sich beim Cocker in der Verfassung des Haarkleides.

Der Rassestandard verlangt ein glattes, seidiges Fell, an Behängen, Läufen und Körper gut befedert. Dabei ist von ausschlaggebender Bedeutung, wie das natürliche Fell des einzelnen Hundes beschaffen ist. Ist es sehr glatt und dünn, hat der Hund meist wenig Befederung. Ist andererseits das Körperhaar ziemlich dick, wird im allgemeinen auch die Befederung entsprechend stark sein. Hat man wie in unserem Kapitel über Fellpflege (Seite 23–25) empfohlen, seinen Hund schon täglich gebürstet und gekämmt, ist die Aufgabe sehr viel einfacher, ganz gleich, welchen Haartyp der Hund hat.

Trimmen des Junghundes

Wir nehmen an, ein Junghund ist ohne Verfilzungen, und sein Welpenhaar wird täglich mit Bürste und Kamm ausgekämmt. Bei weitem die beste Methode, zu viel Haar aus dem Welpenfell zu entfernen, ist die „Finger-Daumen-Methode". Hat man diese einmal richtig gelernt, tut sie dem Hund überhaupt nicht weh.

Es wäre fehlerhaft, Welpenhaar zu entfernen, so lange es nicht lose genug ist, um sich leicht abzulösen. Fängt man hiermit zu früh an, bricht das Haar entweder ungefähr in der Mitte des Haarschafts, oder man hat schließlich ein Fell mit vielen kahlen Stellen, das aussieht, als wäre es „von Motten zerfressen". Wurde ein Fell so „gepflegt", dauert es mehrere Monate, ehe es sich wieder erholt hat. Geduld ist am Platze, man muß warten, bis sich das Haar natürlich und leicht löst. In ihrem natürlichen, flauschigen Haar sehen Cocker-Jungtiere bis zum Alter von 9 oder 10 Monaten recht attraktiv aus, kein Richter erwartet, daß sie in diesem Stadium bereits ein Erwachsenenfell zeigen. Man erwartet jedoch, daß die Pfoten getrimmt sind, überschüssiges Haar von Oberkopf, Behängen und Sprunggelenken entfernt wurde.

Trimmen des Erwachsenen

Das erste Ziel ist kurzes Haar am Oberkopf. Man entfernt alles lange Oberkopfhaar, in dem man es nach und nach ausreißt, ebenso die Haarbüschel, die sich an der Verbindung der Ohren mit dem Kopf bilden. Erwünscht ist auch, die Fellpartie am Stop zu säubern, (das ist das Gebiet

35

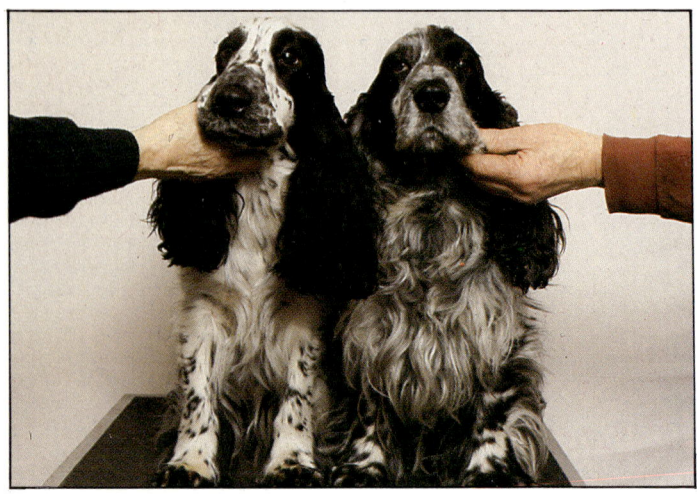

zwischen den Augen), ebenso alles lange Haar, das am Vorderkopf und seitlich der Nase wächst. Unter gar keinen Umständen darf man dabei die langen Tasthaare (whiskers) herausreißen, das wäre sehr schmerzhaft, man würde den Hund auf lange Zeit verunsichern. Diese Haare werden mit einer scharfen Schere dicht am übrigen Gesichtshaar abgeschnitten, so daß man kaum bemerkt, daß sie abgeschnitten sind.

Es gibt einige Bereiche, wo es aufgrund der sehr zarten Hautbeschaffenheit weder notwendig noch erwünscht ist, Haare herauszuziehen. Dies sind Behangrücken und Ohrunterseite, unter dem Kinn und die Kehle abwärts. In diesen Bereichen erzielt man mit einer Ausdünnschere völlig befriedigende Ergebnisse. Um den Hinterkopf zu betonen, die Länge des Halses zu unterstreichen, wird in diesem Bereich überflüssiges Haar so lange ausgezupft bis sich am Hinterkopf eine weiche äußere Linie ergibt. Dann zupft man langsam den Halsrücken entlang bis auf die Schultern herab das Haar aus. Es ist besser, von dieser Seite an quer über den Rücken bis zum Rutenansatz das Haar etwas länger stehen zu lassen. Ab dieser Stelle kann man Auszupfen und den Gebrauch der Ausdünnschere kombinieren. Eine feine Rute mit einigem Haarstand am Ende sieht besser aus als eine teilweise rasierte.

Das Haar unter der Rute muß ausgedünnt und so zurechtgemacht werden, daß unter der Rute das Haar so glatt als möglich anliegt. Im Bereich der Sprunggelenke kann man wiederum die Ausdünnschere verwenden. Dabei darf man das Haar nicht zu nahe am Sprunggelenk

trimmen, ein dichtes, aber ordentliches Fell ist das Ziel. Das Trimmen der Vorderwie Hinterpfoten erfordert einige Geschicklichkeit, läßt sich nicht so leicht erlernen. Das Ziel ist ein katzenpfotenähnliches Aussehen, Leichtigkeit oder Schwierigkeit der Aufgabe hängt in erster Linie davon ab, wie korrekt die Pfoten selbst sind. Eine dünne, weiche Pfote kann man dadurch verbessern, daß man auf der Oberfläche der Pfote das Haar dikker läßt, direkt hinter den Krallen das seitliche Haar wird an der Pfote ganz kurz getrimmt. Sind die Pfoten gut, sollte man das Haar ringsum kürzen, damit erreicht man das hübscheste Aussehen.

Die nächsten Körperbereiche, die gesäubert werden müssen, sind die Flanken entlang dem Rippenkorb, hier wächst die Befederung des Körpers. Recht oft wachsen hier auch kurze flaumige Haare, diese zieht man am besten aus, um eine flache, saubere Flankenseite zu erzielen.

Den rundum besten Eindruck zu erzielen braucht Zeit. Es ist besser, in jeder Sitzung einen Abschnitt eines Körperteils zu bearbeiten, anstatt zu versuchen, beispielsweise Kopf oder Rumpf fertig zu machen, ehe man zur nächsten Partie übergeht. Nimmt man sich genügend Zeit und arbeitet auf diese Art, macht man den Hund nach und nach fertig. Man braucht nichts zu überstürzen, wenn der Ausstellungstag näher kommt.

Baden und Trocknen

Ungefähr drei Tage vor einer Ausstellung brauchen die meisten Hunde ein Bad. Ich sage, die meisten, denn es gibt einige Hunde, die nicht vor jeder Ausstellung ein Bad benötigen. Gutes Trocknen des Haares nach dem Bad ist wichtig.

Es gibt verschiedene zufriedenstellende Trockenmethoden, je nach Wahl fällt auch das Ergebnis aus. Die effektivste Methode wird auf Seite 54 im Abschnitt über den American Cocker beschrieben.

Optimale Präsentation

Es gibt keinen perfekten Hund, bei allen getrimmten Rassen gibt es die Möglichkeit, durch sorgfältiges Trimmen die schlechteren Punkte abzumildern. Hat ein Hund zum Beispiel einen kurzen Hals, nimmt man an der Halspartie so viel Haar als möglich weg. Bei einem etwas langrückigen Hund wirkt dieser kürzer, wenn man so viel Haar als möglich an der Vorderbrust und unterhalb der Rute entfernt.

Ein grober Oberkopf muß besonders sorgfältig von Haaren gesäubert werden, vor allem über den Ohren. Eine zu kurze oder zu lange Rute kann man durch sorgfältiges Trimmen besser wirken lassen.

Keiner dieser Vorschläge hat zum Ziel, Aussteller zu verleiten, einen erfahrenen Richter hinters Licht zur führen. Richter benutzen die Hand, um einen Hund zu beurteilen, ihre Erfahrung sagt ihnen, wie der echte anatomische Aufbau des Tieres ist. Aber es ist völlig in Ordnung, die Vorzüge eines Hundes herauszustellen, seine Fehler so wenig wie möglich in Erscheinung treten zu lassen.

Unten: *Vergleichsbild Rückenansicht der gleichen Cocker – der rechte vor dem Zurechtmachen für die Ausstellung, der linke in korrekter Ausstellungsfrisur.*

TEIL ZWEI

DER AMERIKA- NISCHE COCKER SPANIEL

Kapitel eins

RASSEGESCHICHTE DES AMERICAN COCKERSPANIEL

Die ersten Cocker in den USA

American Cocker Spaniel und English Cocker Spaniel stammen von denselben Vorfahren ab. Der allgemein anerkannte Ahnherr beider Rassen ist der schwarze Cocker Spaniel Ch. Obo, in England im Juni 1879 geboren. Er war der Nachkomme eines Sussex Spaniel-Rüden und einer Field Spaniel-Hündin, konnte aber im englischen Zuchtbuch nach den damaligen Regeln als Cocker Spaniel eingetragen werden. Die Eintragung als Cocker bedeutete nach den damaligen Zuchtbestimmungen nicht, daß Vater, Mutter oder Vorfahren bereits als Cocker eingetragen sein mußten.

In dieser Frühzeit der Rassehundezucht war es vollkommen in Ordnung, daß Züchter von Jagdspaniels die Welpen aus einem Spanielwurf als verschiedenartige Schläge – Rassevariationen – eintrugen, entsprechend den Vorstellungen des Züchters, wozu sich der spezielle Junghund in der Jagd eignen werde. Die Abstammung des Junghundes war hierfür von zweitrangiger Bedeutung. Man braucht kaum zu betonen, daß bei der Zucht mit diesen in England eingetragenen Cocker in Amerika zunächst viele Enttäuschungen und Verwirrungen entstanden. Dies lag aber in erster Linie daran, daß die Amerikaner das englische Eintragungssystem, die Klassifizierung im englischen Zuchtbuch nicht verstanden.

Um auf Ch. Obo zurückzukommen: Der Überlieferung nach war Obo ziemlich langrückig und kurz auf den Läufen, das entsprach der Mode dieser Zeit. Trotzdem gewannen seine Nachkommen auf englischen Ausstellungen sehr viel, eine Reihe seiner Nachkommen wurden auch nach Amerika exportiert. Ende des 19. Jahrhunderts wurden diese Zuchttiere zum Ausgangsmaterial der Cockerzucht in Nordamerika.

So wurde Chloe II., nach Ch. Obo tragend, importiert. Aus ihrem ersten in den USA geborenen Wurf stammt Obo II., American Kennel Club No. 4911. Allem Anschein nach brachte Obo II. einen großen Schritt vorwärts, er wurde wie folgt beschrieben: „Ein kompakt aufgebauter kleiner Bursche, sein Kopf ist etwas stark, wird aber gut getragen; sein Fell ist dicht und glatt, Läufe und Pfoten erstklassig."

Andere Beschreibungen bezeichnen ihn als „sehr sportlichen Hundetyp, aber nicht ohne Fehler; Oberkopf etwas grob. Der Fang sollte tiefer sein, in jeder Richtung schärfer geschnitten; Fang breiter, als man es schätzt, und die unteren Schneidezähne beißen leicht vor." Insgesamt jedoch wurde Obo II. im allgemeinen als „Prinz unter den Zuchtrüden" angesehen, die amerikanischen Cockerfreunde sahen ihn als Modell-Cocker an. Bis zum Jahre 1920 gab es in Amerika kaum Cocker, die kein Blut von Obo II. in ihren Adern hatten.

Robinhurst Foreglow, geworfen 1916, war einer seiner wichtigsten Nachkommen. Er ging auf Obo über beide Elternseiten zurück, offensichtlich hatte er nicht nur die vielen Qualitäten seines berühmten Vorfahren ererbt, er zeigt auch, daß einige Generationen Zucht viel von den ursprünglichen Fehlern korrigiert haben. Foreglow war nicht nur stark ingezüchtet, er wurde auch als „völlig moderner Cockertyp" gesehen, hoch genug auf den Läufen, in jeder Weise robust und dabei selbstbewußt und furchtlos. Dieser

Hund gab den Züchtern ein viel klareres Bild dessen, was man wirklich züchten wollte.

Der nächste große Schritt vorwärts scheint Ch. Torohill Trader zu sein, ein Nachkomme von Foreglow, dem er außerordentlich stark ähnelte. Trader war jedoch schwarz, während Foreglow rot war. Beide Hunde waren sich im Typ außerordentlich ähnlich, aber Trader sollte der Zucht einen ganz außergewöhnlichen Kopftyp und Ausdruck geben.

Entwicklung zweier Cockertypen

Während die englischen Züchter an dem Typ Cocker festhielten, den sie aufgebaut hatten, entstand in Amerika eine interessante (und verwirrende) Situation. Die Cocker spalteten sich in zwei „Typen" – einen amerikanischen und einen englischen Cocker; beide Schläge hatten ihre gläubigen Anhänger, aber die Züchter, die den englischen Typ favorisierten, waren zahlenmäßig weniger.

Es begann erneut eine selektive Zuchtwahl. Was um die Jahrhundertwende den allgemein anerkannten „Cocker" entwickelt hatte, führte nun Ende der 20er, Anfang der 30er Jahre unseres Jahrhunderts zum „American Cocker". Man muß sich dabei darüber im Klaren sein, daß der American Kennel Club immer noch alles als „Cocker Spaniel" eintrug, gleich ob Importe, amerikanisch gezüchtete oder aus Kreuzungen beider entstandene Jungtiere.

Zu dieser Zeit standen beide Typen viel höher auf den Läufen als die Cocker zur Zeit von Obo, es zeigten sich aber auch schnell klare Unterschiede. Der Hauptunterschied lag im Kopftyp.

Die Züchter, die dem englischen Typ anhingen, fürchteten, er könne ganz verloren gehen, und gründeten daher 1936 den English Cocker Spaniel Club of America (ECSCA). Die Mitglieder dieses Clubs verpflichteten sich, die beiden Cockerschläge nicht miteinander zu kreuzen. Erneut muß darauf hingewiesen werden, daß es außerdem noch viele Züchter des englischen Typs gab, die weder die Ziele dieses neugegründeten Clubs kannten, noch sich um seine Regeln kümmerten. Sie züchteten weiter ihre Hunde aus Kreuzungen beider Schläge und trugen ihre Welpen beim AKC ein, der seinerseits auch keine Unterschiede machte. Aber die engagierten Mitglieder des ECSCA arbeiteten hart daran, den englischen Cocker in den Augen des AKC zu legitimieren. Dies machte ein außerordentlich intensives Ahnentafelstudium notwendig, nur Hunde, die über 5 Generationen auf rein englischer Zucht basierten, sollten als

Unten: Ein früher schwarzlohfarbener Cocker Spaniel, der bei der Entwicklung des amerikanischen Cockertyps eine wichtige Rolle spielte. Er wurde Robinhurst Wary genannt, stand im Besitz des Honourable Townsend Scudder.

„reinrassige englische Cocker" anerkannt
werden.

Getrennte Rassestandards

Im September 1946 hatte der ECSCA sein
Ziel erreicht, der AKC gewährte den beiden „Typen" Anerkennung als Einzelras-
sen. Von nun an gab es English und American Cocker, von letzteren wurden drei
Farbschläge (schwarz, ASCOB und mehr-
farbig) anerkannt.

Die Züchter des American Cocker Spaniels setzten sich zum Ziel, ihre Rasse
kurzrückiger, kürzer im Kopf, aufgewölb-
ter im Oberkopf, hochläufiger und üppi-
ger im Fell zu züchten. Das ist im Grund-
satz der Prototyp des American Cocker,
wie wir ihn heute kennen.

Aus dem Rüden Torohill Trader kam
eine ganze Reihe besserer Hunde, rich-
tungsbestimmender Zuchtrüden. Erwäh-
nenswert davon sind Ch. Stockdale Start-
ler, Ch. Try Cob's Candidate und danach
Ch. Stockdale Town Talk und Ch. Myroy
Night Rocket und Rockets Sohn Ch. Elder-
wood Bangaway, der zum Eckpfeiler der
modernen schwarzen Cocker Amerikas
wurde.

Die Schwarzen und die Schwarzloh-
farbenen

Von allen ernsthaften Rasseforschern
wird Bangaway als typbestimmend für
die heutigen schwarzen und schwarzlohfarbenen Cocker gesehen. Er wurde 1950
geboren, sein Sohn Ch. De Karlo's Dasha-
way und seine Enkel Ch. Valli-Lo's Falsha-
way und Ch. Clarkdale Capitol Stock, stehen hinter jeder heute in den USA be-
kannten, erfolgreichen Zuchtlinie von
schwarzen und schwarzlohfarbenen amerikanischen Cockern.

Mehrfarbige und Buffs

Naturgemäß gehen die Mehrfarbigen und
die Büffellederfarbigen (Buffs) auf das
gleiche Zuchtmaterial wie ihre schwarzen
Vettern zurück, ihre Entwicklung war
aber langsamer, jedoch nicht desto weniger sprunghaft und dramatisch.

Bea Weygeson entwickelte in ihrem berühmten Zwinger Honey Creek völlig allein eine Linie mehrfarbige Cocker, die
sich durch vorzügliches Haarkleid, Abzeichen, Kopf und Ausdruck auszeichneten.
In den späten 40er Jahren gewannen sie
die Konkurrenz in diesem Farbschlag im
Sturm. Bea Weygeson wählte die Blutführung von Ch. Bobb's Master Showman aus
und über eine Serie von gezielter Linien-
inzestzucht entstand der Grundstock für
die heutigen Mehrfarbigen. Honey Creek

Oben: *Kopfstudie von Red Brucie, einem
Sohn von Robinhurst Foreglow. Er war
der einflußreichste Zuchtrüde in den 20er
Jahren bei der Entwicklung des Ameri
Cocker Spaniel.*

wurde gemeinsam mit obigen einfarbigen
Einkreuzungen der Grundstein für diesen
Farbschlag, wie er heute anzutreffen ist.

Die Buffs (Büffellederfarbenen) waren
der letzte der drei Farbschläge, die ins
Rampenlicht traten, sie bestachen durch
ihre Schönheit und herrliches Haarkleid.
Diese Farbe erreichte in den 50er Jahren
ihre Vollendung durch den Einfluß von
Ch. Maddies Vagabonds Return und seines Sohnes Ch. Gravel Hill Gold Opportunity; aber gleichfalls große Verdienste
kommen der zuvor schon existierenden
Linie von Eash's Golden Boy-Bigs' Cover
Charge zu, zu der die beiden Zuchtrüden
so besonders gut paßten.

Return und Gold Opportunity hatten
auch einen starken Einfluß auf die Mehrfarbigen. In Schönheit standen die Mehrfarbigen an der Spitze, sie litten aber
gleichzeitig an körperlichen und wesens-
mäßigen Mängeln, ihre Züchter brauch-
ten deshalb unbedingt eine Auskreuzung.
Vagabonds Return und Gold Opportunity
brachten diese Auskreuzung und ihre
Blutführung verbunden mit der Honey-
creek-Linie führten zu dem modernen
Eckstein der Mehrfarbigen, zu dem berühmten Ch. Scioto Bluff Sinbad.

Die Zucht des modernen American
Cocker Spaniels erstreckte sich über ver-

schiedene Jahrzehnte, die bedeutendste Entwicklung erfolgte Ende der 40er, Anfang der 50er Jahre, die man vielfach als das „Goldene Zeitalter" des American Cockers bezeichnet. In diesem Abschnitt erreichte man das langgehegte Ziel, was danach folgte, sind Variationen über das gleiche Thema.

Neueste Entwicklung

Als relativ „moderne" Hunderasse gibt es beim American Cocker noch immer eine Fortentwicklung. Im Jahre 1973 wurde der Rassestandard durch den AKC nochmals revidiert. Dabei wird vom American Cocker eine noch üppigere Behaarung gefordert, obgleich einige Richter ein zu üppiges Fell schon heute bestrafen. Wenn auch der Durchschnittsbesitzer eine solche Haarfülle als unpraktisch empfinden mag, wird sie dennoch als die Krönung der Rasse angesehen. Es ist nahezu unmöglich, daß heute ein Hund mit dünnem Fell irgendwo im Ausstellungsring gewinnen kann.

Über die letzten 40 Jahre befindet sich der American Cocker in seinem Heimatland unter den 10 populärsten Hunderassen. Gleichzeitig gewann seine Schönheit, sein Wesen und seine Eignung zum Ausstellungshund ihm in anderen Ländern eine wachsende Anhängerschaft, Hunde wurden exportiert und die Rasse ist heute in vielen Ländern der Welt populär.

American Cocker in England

Erst vor kurzem, Anfang der 60er Jahre, kam der American Cocker durch Import einer Hündin aus Holland nach England. Mehrere Importe aus den USA brachten neue Blutlinien, die Rasse festigte sich. Viele gutgeführte Zwinger anderer Hunderassen schenkten dieser Rasse ihre Aufmerksamkeit, sie gewann an Popularität, und bis zum Jahre 1968 gab es in England genügend Eintragungen, daß der English Kennel Club der Rasse eigene CCs gewährte. Aus der ursprünglichen Vorstellung in für mehrere Rassen offenen Ausstellungsklassen gewann die Rasse ihre eigene Position auch im Ausstellungsring.

Obgleich der American Cocker in England ein recht populärer Ausstellungshund geworden ist, auch als Familienhund an Popularität gewann, hat er die viel größere Beliebtheit seines englischen Vetters wenig geschmälert. Der English Cocker Spaniel ist noch immer hoch in der Liste der englischen Spitzenhunderassen angesiedelt.

Kapitel zwei

EIGENSCHAFTEN DES AMERIKANISCHEN COCKER SPANIELS

Der American Cocker ist einer der auffälligsten und schönsten aller Hunderassen. Sein wunderschöner Kopf, seine ansprechenden Augen und sein luxuriöses Haarkleid lassen ihn überall auffallen. Die kraftvolle, ausgreifende Bewegung des Hundes zeigt sein sportliches und freudiges Wesen. Vom Temperament her gesehen bereitet der Besitz eines American Cockers Vergnügen, er ist fröhlich, liebevoll, immer unterordnungsbereit und treu. Aggressivität und Falschheit treten bei ihm extrem selten auf, gerade dieses liebenswerte Wesen ist es, das diese Rasse so stark als Familienhund empfiehlt.

Jagd- oder Familienhund
Von handlicher Größe, intelligent und von schneller Lernfähigkeit ist der American Cocker für das Leben in der Stadt wie auf dem Lande geeignet. Als Jagdhund ist er bewegungsfreudig, er liebt aber auch die Bequemlichkeit eines Familienlebens zu Hause.

Als Familien- und Begleithund hat der American Cocker viele Anhänger. Man frage seine Besitzer, in England nennt man sie im allgemeinen „Yanks", und sie werden betonen, daß sie nie mehr ohne einen solchen Hund sein möchten. Glücklicherweise ist der American Cocker keine der vorwiegend kommerziell gezüchteten Rassen, aber unter den Kennern der Rasse weckt er eine ganz spezielle Loyalität und Liebe. Der American Cocker ist eine echte Hundepersönlichkeit!

Farben
Der American Cocker tritt in einer ganzen Reihe attraktiver Farben auf: schwarz, alle Schattierungen von buffarben, gold und rot, schokoladenfarben, schwarzlohfarben; hinzu kommen die Mehrfarbigen:

Unten: *Dieser energiegeladene American Cocker genießt sein Leben an der Küste in freier Natur.*

schwarz mit weiß, orange mit weiß, dreifarbig, schokoladenfarbig mit weiß.

Wichtige Vorbedingungen

Das üppige Haarkleid hat den American Cocker zu krönendem Ausstellungsruhm geführt, es muß aber unterstrichen werden, daß die Notwendigkeit ständiger Pflege und Sorgfalt besteht, um dieses Haarkleid in Ordnung zu halten. Ein verantwortlicher Hundebesitzer muß diesen Hund täglich kämmen und bürsten, periodisch trimmen lassen – oder es lernen, seinen Hund selbst zu trimmen. Wie viele andere Hunderassen ist der American Cocker auch mit einigen Problemen von Erbkrankheiten behaftet, insbesondere erbliche Starerkrankung, die nach ihrem Ausbruch teilweise oder völlige Blindheit verursachen kann. Es muß hier jedoch auch unterstrichen werden, daß verantwortungsbewußte Züchter alles tun, um dieses Problem zu lösen, dadurch werden weniger Welpen, welche an dieser Erkrankung leiden, geboren. Ausführliches hierüber und über andere Krankheiten findet man in Kapitel 5 auf den Seiten 56/57.

Im Ring

Als Ausstellungshund ist der American Cocker ein „Naturtalent". Es gibt nur wenig schönere Anblicke als einen gut vorgestellten American Cocker in vollem Haarkleid, der mit Schwung und Stil seine Ringrunden dreht, die Vorzüge seiner Rasse präsentiert.

Unten: *einige attraktive Farben amerikanischer Cocker: obere Reihe – buff und schwarz; untere Reihe – schwarzweiß und schwarzlohfarben.*

Kapitel drei

AUSWAHL
UND
KAUF

Wo kaufen?

Hat man sich entschieden, die mit dem Besitz eines Hundes verbundene Verantwortung zu tragen, daß der American Cocker der richtige Hund ist, stellt sich die Frage, wo man einen passenden Jagdhund erhält. Es ist wichtig, ein solches Jungtier bei einem verantwortungsbewußten Züchter von American Cockers, der einen guten Ruf hat, zu kaufen.

Der Besuch einer örtlichen Hundeausstellung bringt in aller Regel Kontakte zu einem Züchter, man kann auch andere Spanielaussteller fragen, sie wissen sicherlich Namen und Adresse eines guten Züchters. Man sollte nicht erwarten, daß bereits der erste Züchter, mit dem man Kontakt aufnimmt, gerade Welpen zum Verkauf anbietet. Vielleicht muß man Monate auf einen Welpen warten, oder der Züchter kann einen Züchter empfehlen, der gerade Welpen hat. Es ist ein gutes Zeichen für einen Züchter, wenn man auf seine Welpen warten muß.

Fragen an den Züchter

Ehe man von irgendeinem Züchter einen American Cocker Welpen kauft, gibt es eine Reihe Fragen, die man als Käufer unbedingt stellen muß. Dies sind alles Fragen, die jeder verantwortungsbewußte Züchter gerne beantwortet.

Von ganz besonderer Bedeutung ist der Gesundheitszustand der Augen der Elterntiere. Man sollte sich vom Tierarzt bestätigte Gesundheitsatteste sowohl vom Vater als auch von der Mutter vorlegen lassen. Es ist ganz wesentlich, daß kein Elterntier an einer erblichen Augenerkrankung leidet, die bei einigen Tieren in dieser Zucht auftreten. Das sind: erblicher Star (HC), progressive Netzhautablösung (PRA) und Netzhautdysplasie (RD). Die Einzelheiten sind auf den Seiten 27–29 und 56–57 erläutert.

Verantwortungsbewußte Züchter sind besorgt und unternehmen alle Schritte, um das Risiko von Augenerkrankungen in ihrem Zuchtmaterial auf ein Minimum zu reduzieren. Vor der Zucht vergewissern sie sich, daß ihre Zuchttiere frei von diesen Erkrankungen sind. Kann ein Züchter dem Käufer keine tierärztlichen Atteste vorlegen, die nicht älter als 6 Monate sein sollten, sollte der Käufer höflich „danke" sagen und sich seinen Welpen bei einem anderen Züchter kaufen. Kein ehrlicher Züchter kann garantieren, daß sein Zuchtmaterial absolut frei von solchen Erkrankungen ist, aber laufende Augenuntersuchungen sind ein Schritt in die richtige Richtung und zeigen dem Käufer wenigstens, daß man begründet erwarten kann, gesunde Tiere zu kaufen.

Eine zweite wichtige Frage ist die nach dem Wesen der Zuchttiere eines Züchters. Glücklicherweise leidet der American Cocker wenig unter Wesensschwächen, aggressive oder furchtsame „Yankees" sind eine Seltenheit, dennoch ist es vernünftig, solche Fragen zu stellen. Stehen die Elterntiere der Welpen beim Züchter, sollte man sie sich zeigen lassen. Es macht keinen Spaß, einen kriecherischen, furchtsamen Hund zu haben – ein gemeinsames Leben wäre weder für Hund noch Besitzer eine Freude.

Aggressive Hunde sind noch etwas Schlimmeres; man kann sich nie entspannen, wenn man seinem Hund nicht vertrauen kann. Gerade für einen Familienhund ist gesundes Wesen Voraussetzung, beim American Cocker ist dies im allgemeinen ein starker Pluspunkt. Dennoch ist es vernünftig, sich vom Züchter gerade zu dieser Frage eine entsprechende Rückversicherung geben zu lassen.

Anzeichen für Gesundheit

Sehr wichtig ist, daß der zu kaufende Welpe gut ernährt und gesund ist. Es gibt mehrere Hinweise auf guten Gesundheitszustand, man sollte darauf achten, wenn man seinen Welpen auswählt. Als erstes sind gut gefütterte, gut aufgezogene Welpen voller Leben und Spielfreude. Ihr Fell, das im Alter von 8 Wochen bereits eine gewisse Dichte entwickelt, muß glänzen, stumpfes, spärliches Haarkleid ist oft ein Anzeichen von Verwurmung oder Erkrankung. Man sollte hellwach sein, wenn man sieht, daß Welpen im Wurf sich kratzen, man untersuche sie auf Flöhe und andere Hautprobleme. American Cocker Welpen mit dichtem Haarkleid scheinen öfter in diesem Alter etwas Schuppen aufzuweisen, das darf man nicht mit Flöhen oder Läusen verwechseln. Die Augen müssen klar und leuchtend sein, man achte bei Augen und Nase auf Ausfluß. Wenn es sich auch erst um Welpen handelt, müssen die Knochen rund und kräftig sein, man meide Welpen mit dünnen, zerbrechlichen Knochen. Gesunde Welpen sind im Alter von 8 Wochen freundlich und unternehmungslustig. Spielen die Welpen untereinander, stellt ein Wurf in diesem Alter oft eine rauhbeinige Gesellschaft dar. Das ist in aller Regel keine Aggression, sondern Anzeichen guter Gesundheit und Unternehmungslust. Man meide unbedingt Welpen, die sich in ihrer Box verstecken oder vor Kontakt zurückweichen. Man vergewissere sich, daß die Welpen zumindest bis zu dieser Zeit einmal entwurmt wurden und notiere sich die Daten der Entwurmung.

Ahnentafel

Erscheint der Wurf in allen vorgenannten Bereichen gesund, hat man sich die neuesten Augen-Gesundheitszeugnisse der Eltern vorlegen lassen, dann sind gute Voraussetzungen gegeben. Man vergewissere sich, daß der Welpe beim nationalen Hundezuchtverein ordnungsgemäß eingetragen ist. Verantwortliche und besorgte Züchter geben dem Käufer grundsätzlich einen Speiseplan mit, damit die gesunde Ernährung des Jungtieres nicht unterbrochen wird.

Unten: *Vom Junghund zum Erwachsenen. Charme des Welpen und Schönheit des Erwachsenen in vollem Haarkleid werden in dieser Bildstudie eines stolzen American Cocker Rüden mit seinem kleinen Sohn vorzüglich dokumentiert.*

Kapitel vier

PFLEGE DES AMERIKANISCHEN COCKER SPANIELS

Ganz gleich, welche Hunderasse man besitzt, tägliche Fellpflege sollte immer zur festen Routine werden. Durch regelmäßiges Bürsten und Kämmen wird der Hund sauber und gepflegt gehalten, totes Haar entfernt, neues Haarwachstum angeregt, zusätzlich aktiviert man Haut und Muskeln des Hundes. Der Hundebesitzer wird auch den eigenen Vorteil feststellen, daß sehr viel weniger Hundehaare an Kleidung und Wohnungeinrichtung hängenbleiben.

Beim American Cocker ist regelmäßiges und gründliches Trimmen und Pflegen unerläßlich. Es wäre verantwortungslos, einen Hund dieser Rasse zu kaufen, ohne zu diesen Arbeiten bereit zu sein. Der American Cocker muß alle 6 bis 8 Wochen getrimmt werden, dazwischen häufig und regelmäßig gebürstet und gekämmt. Der Hundebesitzer kann seinen

Hund durch den Züchter oder einen Hundepflegesalon trimmen lassen, hierzu gibt es aber auch eine Alternative. Auch für den Liebhaberbesitzer besteht durchaus die Möglichkeit, das Trimmen so zu erlernen, daß er seinen eigenen Hund pflegen kann. Das ist nicht nur viel wirtschaftlicher, man gewinnt ein Gefühl für diese Arbeit und persönliche Befriedigung daraus.

Fellpflege braucht und sollte nicht zu einem Opfer für Hund und Besitzer werden, sondern für beide ein angenehmes gemeinsames Erlebnis; am Ende steht

---

Unten: *Einige der vielen verschiedenartigen Bürsten für die Hundepflege. Borsten- oder Drahtbürsten ermöglichen am besten, das dichte Fell des American Cocker durchzuarbeiten.*

beim Hund ein Gefühl des Wohlbehagens, beim Besitzer persönliche Befriedigung.

Trimmstile

Ein schöner American Cocker mit seinem langen, leuchtenden Haarkleid, für den Ausstellungsring richtig zurechtgemacht, ist ein wunderschöner Anblick. Es braucht eine ganze Menge an Zeit und Arbeit, ihn in solch gepflegtem Zustand zu halten, aber dies ist gutangelegte Zeit. Hundeliebhaber finden zuweilen das schwere und lange Fell des American Cocker für das Alltagsleben in Stadt und Land wenig passend. Ein Spaziergang durch nasse Großstadtstraßen oder über Spazierwege in Wald und Feld lassen einen die Probleme eines Hundes mit so vollem Haarkleid klar erkennen. Das braucht jedoch kein unlösbares Problem zu sein. Viele Hundeliebhaber entscheiden sich, das Fell ihres American Cocker auf praktische Länge kürzen zu lassen, dadurch ist es leichter zu pflegen und sauber zu halten. Ich nenne dies in der Regel die „Nützlichkeitsschur". Auch mit stärker ausgedünntem Haar an Läufen und Körper behält der Hund sein rassetypisches Aussehen als American Cocker, aber sein Besitzer hat viel weniger Arbeit mit ihm.

Als Ausstellungshund verlangt der American Cocker viel Zeit und Arbeit. Ich

Unten: *Ein erwachsener American Cocker im „Alltags"- oder „Nützlichkeits"-trimm. Das ausgedünnte Haarkleid an Läufen und Körper ist bei dieser Länge für den Hundebesitzer viel einfacher zu pflegen und in guter Form zu halten.*

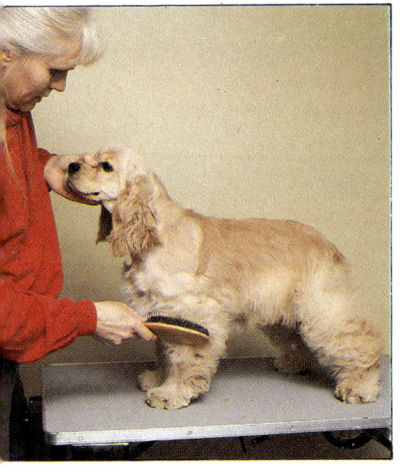

empfehle in zweitägigem Rhythmus völliges Durchkämmen und Bürsten und häufiges Baden, um das Fell zu reinigen, neues Wachstum anzuregen und Hundegeruch zu vermeiden. Ich bin davon überzeugt, daß der Ausstellungshund von geschicktem „Finger und Daumen"-Trimmen („hand-stripping") des Rückenfells profitiert, das allerdings entschieden mehr Zeit erfordert als das Ausdünnen mit der Schere, die ich „für das Alltagstrimmen" empfohlen habe. Ausführliche Hinweise zum Ausstellungstrimmen findet man in Kapitel 6 dieses Teils auf Seite 67–69. Gleich für welchen Trimmstil man sich entscheidet, ich hoffe, diese Hinweise sind eine Hilfe.

Pflegeausrüstung

Korrekte Ausrüstung macht die Pflege leichter. Hier einige Vorschläge:

Eine feste Bürste   Diese ist für das Rückenfell, man gebraucht sie mit festen, langen Strichen und arbeitet dabei vom Hals in Richtung Rute. Für diese Arbeit ist auch ein Pflegehandschuh recht nützlich.

Borsten- oder Drahtbürste   Diese verwendet man, um die längeren Haare an Läufen und Körper durchzuarbeiten. Für die schwarzen Cocker mit ihrem besonders dichten Fell ist eine Drahtbürste brauchbar, aber die Buffs und Mehrfarbigen mit ihrem dünneren Haarkleid erfordern eine reine Borstenbürste.

Breitzahniger Stahlkamm   Mit diesem kämmt man das lange Haar bis auf die Haut, verhindert dadurch Verfilzungen.

Feinzahniger Kamm   Hiermit kämmt man den Rücken, entfernt dabei loses Haar und Unterwolle, was zu glattem, anliegendem Rückenhaar verhilft.

Pflegetechnik

Mit der Fellpflege sollte man schon in frühester Jugend des Hundes beginnen. Im Alter von 8 Wochen beginnt beim American Cocker das Fell sich bereits an Körper und Läufen zu entwickeln. Man bewahre immer die Ruhe, sei freundlich zum Hund – gerade die ersten Pflegeerlebnisse sind von großer Bedeutung, schmieden das Band zwischen Hund und Besitzer, sind die Grundlage für gutes (oder schlechtes) Benehmen in der Zukunft. Man sollte den Junghund bürsten und kämmen, dabei besonders auf das weiche Haar hinter den Ohren achten, das leicht verfilzt.

Stößt man auf Verknotungen, darf man nicht grob daran ziehen, es wäre schmerzhaft, würde den Hund verängstigen. Man muß die Knoten mit den Fingern lösen, sie dann zart mit dem Kamm ausziehen, dabei dem Hund gut zureden. Starke Verfilzungen kann man mit vor dem Bürsten aufgetragenen Spezialsprays leicht lösen, diese Sprays erhält man in den meisten Fachgeschäften und an Ständen auf Hundeausstellungen. Das Bürsten von Armhöhle und Körper kann man sich dadurch erleichtern, daß man den Hund so erzieht, daß er sich flach auf die Seite legt. Dies ist auch für das Trocknen des Hundes nach dem Baden recht nützlich.

Widersetzt sich der Hund der Fellpflege, muß man freundlich, aber bestimmt bleiben. Der Hund muß lernen, daß Fellpflege nicht schmerzhaft ist und er seinem Herrn gehorchen muß. Ein gut erzogener Hund macht die Fellpflege um vieles einfacher.

Trimmausrüstung

Wer sich selbst daran macht, seinen American Cocker zu schneiden und trimmen, braucht folgende Ausrüstung:

Schermaschine Man braucht diese zum Schneiden von Kopf, Behängen, Front und dem Bereich unter der Rute. Es gibt auswechselbare Scherköpfe mit unterschiedlichem Feinheitsgrad. Der Liebhaberbesitzer mit nur einem Hund ist mit einem entscheidend preiswerteren Modell, das einen verstellbaren Scherkopf hat, gut beraten.

Ausdünnscheren Diese dienen zum Ausdünnen des Haarkleids und für die Übergänge zwischen geschorenen und nicht geschorenen Fellbereichen. Ich empfehle Scheren mit einem glatten und einem gezahnten Blatt.

Scheren zum Schneiden Mit diesen formt man die Pfoten und kürzt insgesamt ringsum das Haar.

Krallenscheren Das lange Haar an Läufen und Pfoten des American Cocker verhindert oft, daß die Krallen nach der üblichen Methode, nämlich durch Bewegung über Straßen, gekürzt werden. Die Nagelzange Typ Guillotine ist sicher und wirkt auf den Hund weder ängstigend noch unangenehm.

TRIMMEN DES LIEBHABERHUNDES

Ist man der Auffassung, das volle Haarkleid des American Cocker erfordere zu viel Arbeit, dann empfiehlt sich die kürzere „Liebhaberschur". Bringt man seinen Hund zu einem Hundepflegesalon, sollte man darum bitten, das Fell entlang der Läufe auszudünnen, die Befederung am Körper zu schneiden. Das Entfernen der gesamten Befederung ist zu drastisch und beeinträchtigt den „American" Typ des Hundes. Er kann durch Ausdünnen der Befederung erhalten bleiben.

Gebrauch der Schermaschine

Hat man sich dafür entschieden, selbst die Fellpflege des Hundes durchzuführen, empfehle ich sehr, keinesfalls erste Eigenversuche durchzuführen, ohne sich von Experten anleiten zu lassen, sorgfältig zu beobachten, wie diese die Arbeit angehen.

Einige Hundesalons bieten Unterricht in Scheren und Trimmen. Hat man von einem Züchter oder Aussteller von gutem Ruf seinen Welpen gekauft, kann er hier höchstwahrscheinlich helfen. Man beobachte den Lehrer sehr sorgfältig, mache

Unten: *Viele Arten von Scheren werden angeboten. Gerade auf Hundeausstellungen findet man Spezialisten, bei denen man sich beraten lassen kann, kaufen sollte.*

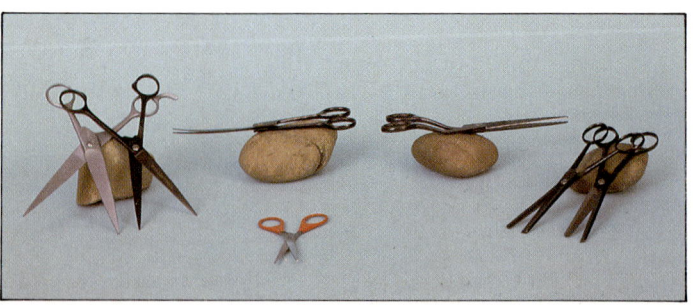

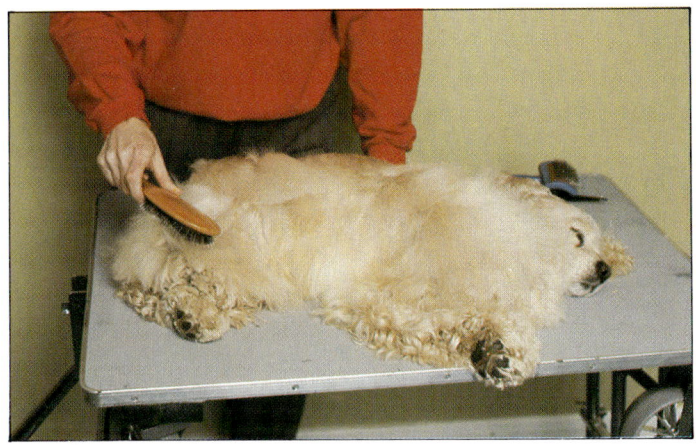

sich Notizen, stelle Fragen, mache erste Eigenversuche unter seiner Anleitung.

Man sollte sorgfältig an diese Arbeit herangehen, sich viel Zeit nehmen. Die Schermaschine darf man nie fest gegen den Hund drücken. Wenn man mit „Zittern und Zagen" seinen ersten Scherversuch unternimmt, sollte man sich damit trösten, daß selbst die geschicktesten Hundepfleger einmal genauso angefangen haben. Übung macht den Meister, selbst wenn man anfangs seinen Hund schrecklich verunstaltet – zu viel Haar herunternimmt oder gar kahle Flächen schert – man sollte sich immer daran erinnern, daß das Haar auch wieder wächst. Gebraucht man Schermaschinen mit auswechselbaren Scherblättern, sollte man Nr. 10 als nach meiner Erfahrung besonders brauchbar für die Seiten von Kopf, Hals und Ohren wählen. Um den Ober-

Oben: *Dicke Verfilzungen müssen aufgelöst, Haarschlingen entfernt werden. Das geht beim liegenden Hund leichter.*

kopf wirklich sauber zu machen, hat sich nach meiner Erfahrung der Scherkopf Nr. 15, eine feineres, engeres Scherblatt – sehr bewährt.

Scheren, Stufe um Stufe

Stufe 1 Vor dem Scheren wird der Hund völlig durchgebürstet, alle Verfilzungen müssen ausgekämmt werden.

Stufe 2 Mit der elektrischen Schermaschine werden die Seiten des Oberkopfs, dann der Fang geschoren. Die Schermaschine verwendet man in den in **Fig. 1**, Seite 52, gezeigten Richtungen.

Stufe 3 Man schneidet das obere Drittel des Ohrläppchens sowohl von außen als auch von innen, immer von unten nach oben (**Fig 1**).

Stufe 4 Bestimme den Brustknochen des Hundes (ein wenig oberhalb und zwi-

Unten: *Elektrische Schermaschinen mit verstellbaren Scherköpfen oder auswechselbaren Scherblättern. Nicht vergessen: sie müssen regelmäßig gewartet werden.*

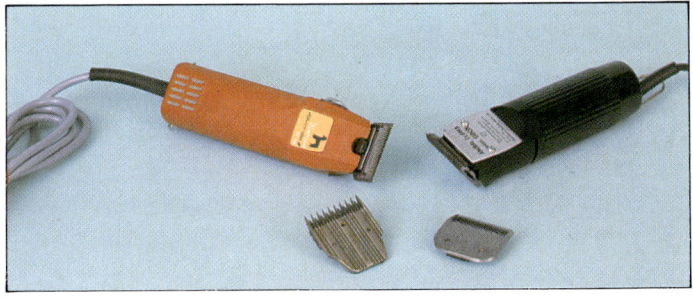

harte Bürste und
feiner Kamm

Partien,
die leicht
verfilzen

Borsten- oder
Drahtbürste,
danach auskämmen
mit weitzahnigem
Stahlkamm

1

2

3

schen den Vorderläufen), schere von diesem Punkt an in Richtung Kehle des Hundes nach oben. Die Scherbewegung geht nach oben und außen, um ein V-förmiges Muster zu schneiden (**Fig 2**).

Stufe 5 Schere den Bereich unterhalb der Hunderute.

Das Ausdünnen

Ist das Scheren abgeschlossen, müssen jetzt die stark behaarten Bereiche auf dem Hundekörper ausgedünnt werden. Beim Gebrauch der Ausdünnschere hält man stets die glatte Schneide möglichst nahe an der Haut des Hundes. Man arbeitet gegen den Strich und versucht, unter dem Deckhaar zu schneiden, das heißt, man plaziert die Schere mit der glatten Schneide von unten **innerhalb** des Hundefells, also keinesfalls **auf die Oberfläche** des Fells. Während der Arbeit mit der Ausdünnschere kämmt man gleichzeitig das durch das Ausdünnen entfernte Haar aus. Das Ziel, ist ein flaches, enganliegendes Fell, frei von flockigen oder abstehenden Haarenden. Mit fortschreitendem Auskämmen des Fells sieht man die Gestalt des Hundes unter all dem Haar wieder zum Vorschein kommen. Unsere Abbildung (**Fig 3**) zeigt die Bereiche, die ausgedünnt werden müssen und die Richtung, in der man arbeitet. Man achte darauf:

1. Schere **unter** dem Deckhaar.
2. Mit der Schere immer gegen den Strich arbeiten.
3. Auskämmen stets **mit** dem Strich.

Man dünnt das Fell so lange aus, bis man es auf die gewünschte Länge gebracht hat. Dabei muß genügend Haar auf dem Körper und entlang den „Hosen" verbleiben, damit der Hund den Typ des American Cocker unbedingt beibehält!

Formung der Pfoten

Nach dem Ausdünnen vergewissere man sich, daß man alles lose Haar ausgekämmt hat. Nun muß man die losen Haarenden rund um die Pfoten wegnehmen, um der Pfote ihre abschließende Form zu geben. Man hebt die Pfote hoch und schaut darunter. Mit einer einfachen Schere wird das Haar zwischen den Zehen abgeschnitten, wobei man sehr darauf achten muß, keinesfalls die Ballen zu verletzen.

Als nächstes streicht man mit der Hand fest den Lauf abwärts und beendet diese Bewegung, indem man mit der Hand völlig die nach unten gefaßte Pfote umfaßt. Die losen, abstehenden Haarenden zeigen sich unter dem Handgriff und werden kreisförmig abgeschnitten.

Zum Abschluß setzt man die Pfote auf den Boden und nimmt noch verbliebene ungleiche Haarenden weg.

Formen der Rute

Die Behaarung der Rute wächst beim American Cocker häufig sehr dicht. Die Seiten und der Rücken der Rute werden

Unten: Mit einer einfachen Schere werden die Haare zwischen den Zehen und unter der Pfote abgeschnitten.

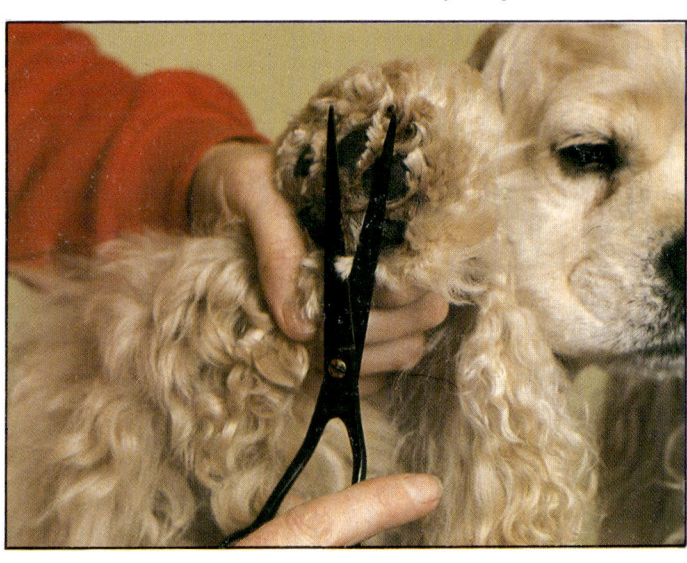

53

ausgedünnt, die Rutenunterseite geschoren.

Schneiden der Nägel

Man achte sorgfältig darauf, daß man keinesfalls ins „Leben" schneidet, das würde schmerzhaft sein, eine Blutung auslösen und oft zu vorübergehender Lahmheit führen. Bei den mehrfarbigen American Cockern und bei den Buffs mit ihren hellen Nägeln kann man das „Leben" leicht erkennen, bei schwarzen Hunden ist es nicht zu sehen. Man muß die Pfote festhalten, nur die scharfen, nach unten gerichteten Nagelenden abschneiden.

BADEN

Wie oft?

Hier gibt es naturgemäß individuelle Verschiedenheiten. Der American Cocker mit „Liebhaberschur" braucht sicherlich weniger Baden als sein Bruder in Ausstellungskondition. Der langhaarige Hund kann mehr Schmutz, Geruch und Parasiten aufnehmen als der kurzfellige. Baden stimuliert das Haarwachstum, deshalb wird es für Ausstellungshunde sehr geschätzt. Der Liebhaberhund sollte jedesmal mit dem Trimmen gebadet werden, also etwa alle 4 bis 6 Wochen. Ausstellungshunde werden meist wöchentlich gebadet.

Vorbereitungen

Es ist absolut notwendig, daß der Hund vor dem Baden gebürstet ist, die Verfilzungen beseitigt wurden, da ein verfilzter Hund nach dem Baden noch verfilzter wäre. Große, verknotete, nasse Haarsträhnen machen das Trocknen schwierig, verderben völlig das natürliche Fallen des Haares. Fachkundige stecken dem Hund kleine Wattepropfen ins Ohr, damit kein Wasser in den Ohrkanal eindringt. Man muß dabei darauf achten, daß man die Watte nicht zu tief ins Ohr einführt und darf nie vergessen, daß nach dem Bad die Watte unbedingt wieder **entfernt** werden muß.

Badeausrüstung

Gummimatte Sie hat sich als Einlage in die Wanne als außerordentlich nützlich erwiesen, denn der Hund findet darauf besseren Halt.

Shampoo Es gibt eine große Auswahl an Haarshampoos, abhängig von Haarart, Farbe und Kondition. Viele für Menschen hergestellte Shampoos sind ebenfalls tauglich (und oft preiswerter). Vermutet man Befall mit Hautparasiten (siehe Sei-

Unten: *Trocknen des Hundes. Man kämmt vorsichtig das nasse Haar aus, dann kann der Körper wie gezeigt in ein zusammengestecktes Tuch oder eine Nylonhülle eingewickelt werden, während man das Haar an den Läufen trockenfönt. Nach dem Trocknen wird das Haar ausgebürstet.*

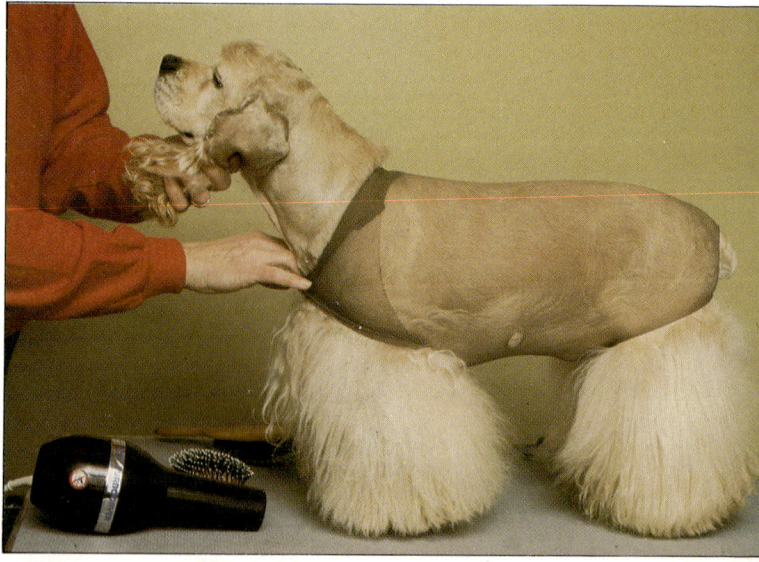

ten 87–88), verwendet man ein medizinisches oder Insektizid-Shampoo. Bei dieser Shampooart muß man genau die Hinweise des Herstellers beachten, insbesondere was die Verdünnung angeht. Bei allen Arten von Shampoo darf keinesfalls der Schaum in die Augen des Hundes gelangen.

Fellpflegemittel Nach meiner Erfahrung erleichtert nach dem Shampoonieren ein Guß mit Fellpflegemitteln nicht nur die Pflege nach dem Baden, sondern bringt insbesondere zusätzlichen Glanz ins Fell. Die Anwendung von Shampoo wie Fellpflegemittel ist wesentlich einfacher, wenn man sie in Plastikbehältern mit Ausguß verwahrt. Auf diese Art kann man das Shampoo auch mit nur einer Hand richtig aufbringen, behält dabei mit der anderen Hand die Kontrolle über den Hund.

Tücher Man sollte alte Frottier- und Handtücher nie wegwerfen, sie sind zur Hundepflege sehr nützlich.

Fön Völliges Trocknen des Fells nach dem Baden ist wichtig. Länge und Dichte des Haares eines American Cocker in vollem Haarkleid erfordern eine beträchtliche Trockenzeit. Leider erweist sich dabei ein normaler Haarfön als völlig ungeeignet. Es gibt verschiedene Typen starker, schwerer Haartrockner, jeder Hundebesitzer, der mehr als einen American Cocker besitzt oder seine Hunde häufig badet, sollte sich einen solchen anschaffen.

Das Baden
Mit handwarmem Wasser wird der Hund gut durchnäßt, man arbeitet dabei Schritt für Schritt vom Kopf und Ohren bis zur Rute. Dann wird Shampoo gut ins Fell einmassiert, vor allem in die stark behaarten Körperpartien.

Nach dem Shampoonieren wird der Hund gründlich abgespült, danach – wenn gewünscht – ein Fellpflegemittel angewandt, das für ein bis zwei Minuten im Fell bleibt, ehe es wieder ausgespült wird.

Nach der letzten Spülung wird alles überschüssige Wasser aus dem Hundefell **ausgestrichen**, dabei arbeitet man mit beiden Händen fest am Körper entlang bis hinab zu allen vier Läufen. Dann wird der Hund fest in Trockentücher eingewickelt und auf den Pflegetisch gestellt.

Trocknen
Nach dem Ausdrücken des Wassers aus dem Fell mit den Händen wiederholt man den gleichen Prozeß mit Tüchern, ich empfehle kein wildes Reiben mit den Tüchern, dadurch würde das Haar sich verknoten. Man preßt und streicht über den Hundekörper bis die Feuchtigkeit weitgehend heraus ist, kämmt dann die Befederung an Ohren, Körper und Läufen aus.

Danach wickelt man ein Tuch um den Körper des Hundes und steckt dieses fest. Einige Leute haben als nützliche Alternative einen Nylonstrumpf ohne Fuß entdeckt. Beide Methoden erleichtern das spätere Trocknen dieses Körperbereiches. Nun kann man sich auf das Fönen der übrigen Körperpartien konzentrieren. Man beginnt mit den Ohren und arbeitet methodisch einen Körperteil nach dem anderen durch, bis er völlig trocken ist.

Für einen guten Abschluß der Fellpflege ist es absolut notwendig, daß jeweils die gefönte Körperpartie gleichzeitig aufgekämmt wird, arbeitet man mit einem Handfön, braucht man in der Regel einen Helfer, der bei dieser Prozedur den Hund festhält, vor allem nach dem ersten Baden, wenn der Hund diese Pflege noch nicht gewöhnt ist. Der Hund sollte so erzogen werden, daß er ohne Gehaltenwerden zu müssen steht oder liegt, das hilft sehr bei dieser Arbeit. Ein auf einem Stativ stehender Fön macht das Trocknen sehr viel einfacher, dadurch gewinnt der Pfleger freie Hände. Eine Borstenbürste oder ein weitzahniger Kamm eignen sich am besten, um das feuchte Haar aufzulockern, dadurch mehr warmer Luft Durchgang zu verschaffen.

Man muß genau aufpassen, daß das Fell bis zur Haut völlig trocken ist und nicht nur das Deckhaar. Ein oberflächlich getrocknetes Fell wellt sich leicht, nur das gut abgetrocknete Haar wird wieder völlig gerade und gewinnt Glanz.

Nachdem die vier Läufe trocken sind, nimmt man das Tuch oder den Strumpf vom Hundekörper. Zu diesem Zeitpunkt sollten Rücken- und Körperhaar nahezu abgetrocknet sein. Nun wird die Heißluft auf den Körper gerichtet, das Fell bis zum völligen Trockensein gebürstet und gekämmt. Das völlige Trocknen des Körperhaars wird wesentlich erleichtert, wenn sich der Hund auf die Seite legen läßt.

Ist das Körperhaar trocken, stellt man den Fön ab, bürstet den Hund aus, sieht man dann noch irgendwelche lose Haarenden, schneidet man diese sauber ab. Nun hat man wieder einen glänzenden und gepflegten American Cocker.

Kapitel fünf

ZUCHT: ERBLICHE ERKRANKUNGEN

Warum züchten?

Viele Hündinnenbesitzer geraten in Versuchung, von ihrer Hündin einen Wurf zu ziehen. Warum? Ich vermute, Welpen üben eine natürliche Faszination aus, viele Hundebesitzer lieben junge Hunde. Oft findet man auch den Wunsch, sich selbst von seinem eigenen geliebten Hund einen Welpen aufzuziehen. Viele glauben, ein Wurf sei für die Gesundheit der Hündin notwendig – eine Auffassung, die ein Fachmann keinesfalls bestätigen kann. Einige kommerziell eingestellte Hundebesitzer glauben, daß man mit der Hundezucht Geld verdienen könne.

Ich persönlich bin der Überzeugung, daß viel zu viele Hunde aller Rassen jährlich geboren werden. Es gibt überall planloses „Züchten", besser ausgedrückt Vermehren, aus dem untypische Hunde mangelhafter Qualität entstehen. Über die ganze Welt gibt es viele Tierheime und Rettungsstationen, die voll unerwünschter Hunde sind, überwiegend von Rassehunden. Viel zu oft züchten und kaufen Menschen Hunde, ohne sich über ihre damit verbundene langfristige Verantwortung klar zu sein. Erbkrankheiten innerhalb einer Rasse werden von unwissenden oder gewissenlosen Züchtern negiert und dadurch noch verschlimmert. Was das Geldverdienen mit der Hundezucht angeht, glaube ich, es gibt nur wenige Züchter, die aus einem richtig geplanten und gut aufgezogenen Wurf wirklich Geld verdienen. Deckgebühren, Reisen, Aufzucht und Anzeigekosten verschlingen in aller Regel jeden möglichen Gewinn.

Verantwortung des Züchters

Amerikanische Cocker Spaniel sind außerordentlich attraktive Welpen, es ist deshalb sehr gut verständlich, daß sie bei allen Hundefreunden sehr viel Anklang finden. Sie sind hübsch, attraktiv, werden zum Statussymbol. – Aber, wie ich bereits klargestellt habe, man braucht Zeit und muß daran arbeiten, um sie immer in guter Kondition zu halten. Züchtet man mit der eigenen Hündin und verkauft Welpen aus diesem Wurf, so ist man auch verantwortlich, den möglichen Käufern rückhaltlos klar zu machen, welche Forderungen die Rasse stellt, damit sie sich nicht nur in ein kuscheliges Fellbündel mit großen Augen verschauen.

Noch viel wichtiger ist die Tatsache, daß American Cocker mit einem nicht zu kleinen Anteil an Erbkrankheiten belastet sind, denen man beim Aufbau eines Zuchtprogramms größte Aufmerksamkeit widmen muß. Die Probleme können sich nur verschlimmern, wenn wohlmeinende, aber fehlgeleitete und unwissende Einzelne blind losmarschieren, ohne sich zuerst ein solides Grundwissen über die Rasse zu erwerben. Ich habe nachstehend die ernsthaften Erberkrankungen dargestellt, auf die vor jeder Zucht des American Cocker sorgfältig geprüft werden muß.

Erbkrankheiten

Wie viele Hunderassen hat auch der American Cocker Spaniel seinen Anteil an Erbkrankheiten. Beim Amerikanischen Cocker spielen die Augenerkrankungen eine besonders ernstzunehmende Rolle. Dabei sind drei Haupterkrankungen zu unterscheiden: Erblicher Star (HC); Progressive Netzhautablösung (PRA) und Netzhautdysplasie (RD). Möglicherweise ist es nicht zu erreichen, diese Krankheiten völlig zum Erlöschen zu bringen, aber verantwortungsvolle Züchter arbeiten nachhaltig daran, ihre Häufigkeit zu mindern, das Risiko, daß solche Erkrankungen auftreten, auf ein Minimum zu reduzieren.

Alle Zuchtvereine für Amerikanische Cocker Spaniels sind nachhaltig daran interessiert, das Auftreten dieser Krankheiten einzudämmen, sie haben Kontrollsysteme aufgebaut, um den Züchtern dabei zu helfen. Von den Züchtern verlangt man, ihr Zuchtmaterial durch Tierärzte überprüfen zu lassen, die sich auf Augenerkrankungen spezialisiert haben. Hunde, die frei von erblichen Erkrankungen sind, erhalten ein entsprechendes tierärztliches Attest. Die Züchter werden gebeten, alle Untersuchungsergebnisse ihren Zuchtvereinen mitzuteilen, diese veröffentlichen ein eigenes Augengesundheitskompendium, das die Namen aller krankheitsfreien und krankheitsbefallenen Hunde enthält. Nur dadurch, daß solche Informationen allen Züchtern zugänglich sind, wird die Aufmerksamkeit der Züchter auf diese Probleme gerichtet, können sie sich selbst ein Bild machen, in welchem Umfang in den einzelnen Zuchtlinien die Krankheiten auftreten. Der verantwortliche Züchter wird dann versuchen, jedes stärkere Risiko in seiner Zucht zu meiden, hierdurch wird das Risiko, daß befallene Tiere geboren werden, verringert.

Erbliche Netzhautablösung (Hereditary Cataract, HC)
Dies ist die ernsthafteste und verbreitetste Augenerkrankung in der Rasse, Details über diese Erkrankung in Teil I, Kapitel 5, Seite 27–28.

Progressive Netzhautablösung (Progressive Retinal Atrophy, PRA)
Glücklicherweise ist die Erkrankung weniger verbreitet als die erbliche Starerkrankung, tritt in England beim Amerikanischen Cocker vergleichsweise selten auf. Einzelheiten siehe Teil I, Kapitel 5, Seite 28.

Netzhautdysplasie (Retinal Dysplasia, RD)
Abweichend zu den beiden anderen Augenerkrankungen handelt es sich hierbei um ein bereits bei der Geburt erkennbares Leiden, es kann deshalb frühzeitig diagnostiziert werden: Welpenteste können ab einem Alter von sechs Wochen durchgeführt werden. Netzhautdysplasie führt beim Amerikanischen Cocker in der Regel nicht zur Blindheit oder starken Sehstörungen. Die Krankheit wird ausgelöst durch Faltenbildung in der Retina.

Die Tatsache, daß diese Erkrankung offensichtlich keine Sehstörung auslöst und relativ selten vorkommt, macht diese Krankheit zu einem leichteren Problem als HC und PRA.

Hinsichtlich der Vererbung geht man von einem rezessiven Gen aus. Über Erbträger und Einsatz von mit Retina-Dysplasie befallenen Tieren bestehen beträchtliche Meinungsverschiedenheiten. Einige Züchter und einige Tierärzte sehen in dieser Erkrankung eine nur unbedeutende Belastung; verantwortungsbewußte Züchter befürchten, daß durch verbreiteten Einsatz von mit RD befallenen Zuchttieren sich die Krankheit rasch weiter ausbreiten könnte.

Unten: „Als ich in Deinem Alter war ...!" Liebevolle Begegnung von Vater und Sohn, die ausgeprägte Familienähnlichkeit aufweisen.

57

Kapitel sechs

AUSSTELLUNG DES AMERIKANISCHEN COCKER SPANIEL

General Appearance The Cocker Spaniel is the smallest member of the Sporting Group. He has a sturdy, compact body and a cleanly chiseled and refined head, with the overall dog in complete balance and of ideal size. He stands well up at the shoulder on straight forelegs with a topline sloping slightly toward strong, muscular quarters. He is a dog capable of considerable speed, combined with great endurance. Above all he must be free and merry, sound, well balanced throughout,

and in action show a keen inclination to work; equable in temperament with no suggestion of timidity.

Head To attain a well-proportioned head, which must be in balance with the rest of the dog, it embodies the following:

Skull Rounded but not exaggerated with no tendency toward flatness; the eyebrows are clearly defined with a pronounced stop. The bony structure beneath the eyes is well chiseled with no prominence in the cheeks.

Muzzle Broad and deep, with square, even jaws. The upper lip is full and of sufficient depth to cover the lower jaw. To be in correct balance, the distance from the stop to the tip of the nose is one half the distance from the stop up over the crown to the base of the skull.

Teeth Strong and sound, not too small, and meet in a sissors bite.

Nose Of sufficient size to balance the

Unten: Hirontower on Broadway. Man beachte den runden Oberkopf, breiten, kurzen Fang, tief angesetzte Ohren und korrekte Augenform.

muzzle and foreface, with well-developed nostrils typical of a sporting dog. It is black in color in the blacks and black and tans. In other colors it may be brown, liver or black, the darker the better. The color of the nose harmonizes with the color of the eye rim.

Eyes Eyeballs are round and full and look directly forward. The shape of the eye rims gives a slightly almond-shaped appearance; the eye is not weak or goggled. The color of the iris is dark brown and in general the darker the better. The expression is intelligent, alert, soft and appealing.

Ears Lobular, long, of fine leather, well feathered, and placed no higher than a line to the lower part of the eye.

Neck and Shoulders The neck is sufficiently long to allow the nose to reach the ground easily, muscular and free from pendulos "throatiness". It rises strongly from the shoulders and arches slightly as it tapers to join the head. The shoulders are well laid back forming an angle with the upper arm of approximately 90 degrees which permits the dog to move his forelegs in an easy manner with considerable forward reach. Shoulders are clean-cut and sloping without protrusion and so set that the upper points of the withers are at an angle which permits a wide spring of rib.

Body The body is short, compact and firmly knit together, giving an impression of strength. The distance from the highest point of the shoulder blades to the ground is fifteen (15%) per cent of approximately two inches (5 cm) more than the length from this point to the set-on of the tail. Back is strong and sloping evenly and slightly downward from the shoulders to the set-on of the docked tail. Hips are

wide and quarters well rounded and muscular. The chest is deep, its lowest point is no higher than the elbows, its front sufficiently wide for adequate heart and lung space, yet not so wide as to interfere with the straightforward movement of the forelegs. The Cocker Spaniel never appears long and low.

Tail The docked tail is set on and carried on a line with the topline of the back, or slightly higher; never straight up like a terrier and never so low as to indicate timidity. When the dog is in motion the tail action is merry.

Legs and Feet Forelegs are parallel, straight, strongly boned and muscular and set close to the body well under the scapulae. When viewed from the side with the forelegs vertical, the elbow is directly below the highest point of the shoulder blade. The pasterns are short and strong. The hind legs are strongly boned and muscled with good angulation at the stifle and powerful, clearly defined thigh. The stifle joint is strong and there is no slippage of it in motion or when standing. The hocks are strong, well let down, and when viewed from behind, the hind legs are parallel when in motion and at rest. Feet compact, large, round and firm with horny pads; they turn neither in nor out. Dewclaws on hind legs and forelegs may be removed.

Coat On the head, short and fine; on the body, medium length, with enough undercoating to give protection. The ears, chest, abdomen and legs are well feath-

---

Unten: *Sh. Ch. Doganodogs Dizzy Dame im Besitz von Frank Kane in Ausstellungspose. Man beachte den kurzen Rücken und die korrekte Fellstruktur.*

ered, but not so excessively as to hide the Cocker Spaniel's true lines and movement or affect his appearance and function as a sporting dog. The texture is most important. The coat is silky, flat or slightly wavy, and of a texture which permits easy care. Excessive or curly or cottony textured coat is to be penalized.

Color and Markings

Black Variety Solid color black, to include black with tan points. The black should be jet; shadings of brown or liver in the sheen of the coat is not desirable. A small amount of white on the chest and/or throat is allowed, white in any other location shall disqualify.

Any Solid Color Other than Black

Any solid color other than black and any such color with tan points. The color shall be of a uniform shade, but lighter coloring of the feather is permissible. A small amount of white on the chest and/or throat is allowed, white in any other location shall disqualify.

Parti-Color Variety Two or more definite, well-broken colors, one of which must be white, including those with tan points; it is preferable that the tan markings be located in the same pattern as for the tan points in the Black and ASCOB varieties. Roans are classified as parti-colors, and may be of any of the usual roaning patterns. Primary color which is ninety percent (90 %) or more shall disqualify.

Tan Points The color of the tan may be from the lightest cream to the darkest red color an should be restricted to ten percent (10 %) or less of the color of the specimen; tan markings in excess of that amount shall disqualify.

In the case of tan points in the Black or ASCOB variety, the markings shall be located as follows:

1 A clear tan spot over each eye
2 On the sides of the muzzle and on the cheeks
3 On the undersides of the ears
4 On all feet and/or legs
5 Under the tail
6 On the chest (optional, presence or absence not penalized)

Tan markings which are not readily visible or which amount only to traces, shall be penalized. Tan on the muzzle which extends upward, over and joins shall also be penalized. The absence of tan markings in the Black or ASCOB variety in any of the specified locations in an otherwise tan-pointed dog shall disqualify.

Movement The Cocker Spaniel, though the smallest of the sporting dogs, possesses a typical sporting dog gait. Prerequisite to good movement is balance

---

Unten: *Eine Verkörperung des Rassestandards. Die Entfernung von Nasenspitze bis Stop sollte etwa die Hälfte der Entfernung vom Stop bis zum Hinterhauptbein betragen.*

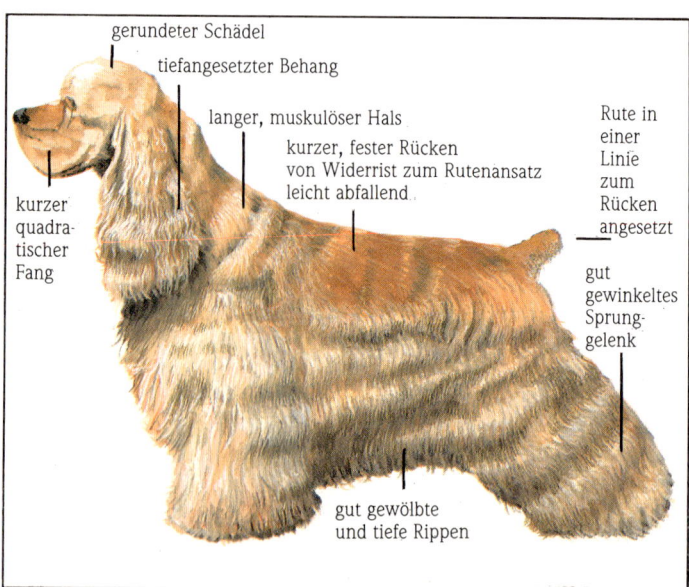

gerundeter Schädel

tiefangesetzter Behang

langer, muskulöser Hals

kurzer, fester Rücken
von Widerrist zum Rutenansatz
leicht abfallend

Rute in einer Linie zum Rücken angesetzt

kurzer quadratischer Fang

gut gewinkeltes Sprunggelenk

gut gewölbte und tiefe Rippen

between the front and rear assemblies. He drives with his strong, powerful rear quarters and is properly constructed in the shoulders and forelegs so that he can reach forward without constriction in a full stride to counterbalance the driving force from the rear. Above all, his gait is coordinated, smooth and effortless. The dog must cover ground with his action and excessive animation should never be mistaken for proper gait.

Height The ideal height at the withers for an adult dog is 15 in (38 cm) and for an adult bitch 14 in (35,5 cm). Height may vary one-half inch above or below this ideal. A dog whose height exceeds 15^1/$_2$ in (39 cm) or a bitch whose height exceeds 14^1/$_2$ in (37 cm) or an adult bitch whose height is less than 13^1/$_2$ in (34 cm) shall be penalized.

Note: Height is determined by a line perpendicular to the ground from the top of the shoulder blades, the dog standing naturally with its forelegs and the lower hind legs parallel to the line of measurement.

Disqualifications
Color and Markings
Black Variety White markings except on chest and throat.
Any Solid Color Other Than Black Variety White markings except on chest and throat.
Parti-Color Variety Primary color ninety percent (90%) or more.
Tan Points (1) Tan markings in excess of ten percent (10%); **(2)** Absence of tan markings in the black or ASCOB variety in any of the specified locations in an otherwise tan pointed dog.
Height Males over 15^1/$_2$ in (39 cm); females over 14^1/$_2$ in (37 cm).

FCI-STANDARD NR. 167
Stand 10. 3. 1988; Ursprungsland USA
Allgemeine Erscheinung Der Cocker Spaniel ist das kleinste Mitglied in der Gruppe der Jagdhunde. Er hat ein kräftiges, kompaktes Gebäude und einen edel gemeißelten Kopf, insgesamt ein völlig ausgeglichener Hund von idealer Größe. Er steht gut aufgerichtet auf geraden Vorderläufen, wobei die Rückenlinie leicht abfällt hin zur stark bemuskelten Hinterhand. Er ist ein Hund, tauglich zu beträchtlicher Schnelligkeit, verbunden mit großer Ausdauer. Vor allem muß er ungezwungen und fröhlich sein, gesund, insgesamt ausgeglichen und in der Bewegung eine große Neigung zur Arbeit zeigen; gleichmäßig im Temperament, ohne Anzeichen von Ängstlichkeit.

Kopf Ein gut proportionierter Kopf, der zum Gesamtbild passen muß, vereinigt in sich folgendes:
Schädel Gerundet, aber nicht übertrieben, ohne Tendenz zur Flachheit. Die Augenbrauen (Augenbögen) sind deutlich erkennbar, mit ausgeprägtem Stop. Der Knochenbau unterhalb der Augen ist gut gemeißelt ohne Hervortreten der Backen.
Fang Breit und tief mit starkem, gleichmäßigem Kiefer. Die Lefzen sind voll und von genügender Tiefe, um den Unterkiefer zu überdecken. Ausgeglichenheit besteht dann, wenn der Abstand vom Stop zur Nasenspitze die Hälfte des Abstandes vom Stop über den Scheitel zur Basis des Schädels beträgt.
Zähne Kräftig und gesund, nicht zu klein, Scherengebiß.
Nase Genügend groß, passend zum Fang, mit gut entwickelten Nasenlöchern, typisch für einen Jagdhund. Von schwarzer Farbe bei Schwarzen und Schwarzen mit Loh. Bei den anderen Farben kann die Farbe der Nase braun, leberfarben oder schwarz sein, je dunkler, je besser. Die Farbe der Nase harmoniert mit der Farbe des Lidrandes.
Augen Die Augäpfel sind rund und voll, der Blick geradeaus gerichtet. Die Form der Lidränder gibt ein geringes mandelförmiges Aussehen. Das Auge liegt weder tief, noch tritt es hervor. Die Farbe der Iris ist dunkelbraun, je dunkler, je besser. Der Ausdruck ist intelligent, wach, sanft und ansprechend.
Behang Lappig, lang, von feinem Leder, gut behaart, nicht oberhalb der Linie der unteren Augenpartie angesetzt.
Hals und Schultern Hals genügend lang, um zu ermöglichen, daß die Nase den Boden leicht erreicht, muskulös und ohne herabhängende Kehlhaut. Er steigt kräftig aus der Schulterpartie auf, geringfügig konisch zulaufend bis zur Verbindung mit dem Kopf. Die Schulterblätter sind schräggelagert und bilden mit dem Oberarm einen Winkel von annähernd 90 Grad, was dem Hund auf leichte Weise einen beträchtlichen Vortritt erlaubt. Schultern klar, schräg, ohne hervorzutreten und so gelagert, daß die oberen Punkte des Widerristes einen Winkel bilden, der einen weiten Rippenbogen erlaubt.
Gebäude Das Gebäude ist kurz, kompakt und fest zusammengefügt, einen Eindruck von Stärke gebend. Der Abstand vom Widerrist zum Boden ist 15% oder annähernd 5 cm mehr als die Länge vom Widerrist zum Rutenansatz. Der Rücken ist kräftig und gleichmäßig leicht abfal-

lend von den Schultern zum Ansatz der kupierten Rute. Die Hüften sind breit und die Kruppe gut gerundet und muskulös. Tiefer Brustkorb, sein unterster Punkt nicht höher als die Ellenbogen, vorne genügend breit für ausreichenden Platz von Herz und Lunge, jedoch nicht so breit, daß die gerade Bewegung der Vorderläufe gestört wird. Rippen tief und gut gewölbt. Der Cocker Spaniel darf niemals lang und niedrig erscheinen.

Rute Die kupierte Rute ist angesetzt und wird getragen in einer Linie mit der Oberlinie des Rückens oder gering höher, niemals aufgerichtet wie bei einem Terrier und niemals so tief, daß es auf Ängstlichkeit hinweist. In der Bewegung ist die Aktion der Rute fröhlich (merry).

Läufe und Pfoten Vorderläufe gerade, stark knochig und muskulös, dicht am Gebäude und gut unter dem Schulterblatt stehend. Bei der Betrachtung von der Seite und bei senkrechter Stellung der Vorderläufe steht der Ellenbogen lotrecht zum höchsten Punkt der Schulterblätter. Kurzer und kräftiger Vordermittelfuß. Die Hinterläufe sind starkknochig und bemuskelt mit gut gewinkelten Kniegelenken und kräftigen, klar abgegrenzten Schenkeln. Das Kniegelenk ist stark und ohne Abweichung in der Bewegung und im Stand. Die Sprunggelenke sind stark, gut heruntergelassen, in der Bewegung und im Stand parallel verbleibend.

Pfoten Kompakt, groß, rund und fest mit hornartigen Ballen, nicht ein- oder auswärts gedreht. Seitenkrallen an den Vorder- und Hinterläufen können entfernt sein.

Haarkleid Auf dem Kopf kurz und fein, am Gebäude von mittlerer Länge mit genügend Unterhaar zum Schutz. Der Behang, Brust, Bauch und die Rückseiten der Läufe sind gut befedert, jedoch nicht so übermäßig, daß die wahren Linien des Cocker Spaniels beeinträchtigt werden. Die Beschaffenheit (des Haares) ist sehr wichtig. Das Haarkleid ist seidig, glatt oder gering gewellt und von einer Beschaffenheit, welche leichte Pflege erlaubt. Übermäßiges, lockiges oder wollig beschaffenes Haarkleid ist zu bestrafen.

Farbe und Farbmarkierungen
Schwarze Einfarbig Schwarze einschließlich Schwarze mit Loh-Abzeichen. Das Schwarz sollte pechschwarz sein; braune oder leberbraune Schattierungen im Glanz des Haarkleides sind unerwünscht. Etwas Weiß an Brust und/oder am Hals ist erlaubt, weiß an jeder anderen Stelle soll disqualifizieren. **Andere einfarbige außer Schwarze** Andere Einfarbige außer Schwarze und andere Einfarbige mit Loh-Abzeichen. Die Farbe soll von einheitlicher Tönung sein, eine hellere Befederung ist jedoch erlaubt. Etwas Weiß an der Brust und/oder am Hals ist erlaubt, weiß an jeder anderen Stelle soll disqualifizieren. **Mehrfarbige** Zwei oder mehr klare, gut voneinander abgegrenzte Farben, eine von diesen muß weiß sein, einschließlich solcher mit Loh-

Abzeichen. Es ist wünschenswert, daß die Loh-Abzeichen sich an denselben Stellen befinden wie bei den Schwarzen und den anderen Einfarbigen. Schimmel sind bei den Mehrfarbigen einzuordnen, sie können jeder der herkömmlichen Schimmelbezeichnungen haben. Neunzig Prozent (90 %) oder mehr einer Grundfarbe soll disqualifizieren. **Loh-Abzeichen** Die Farbe des Lohs kann vom hellsten Creme bis zum dunkelsten Rot reichen und sollte beschränkt sein auf zehn Prozent (10 %) oder weniger der Farbe des betreffenden Cockers; mehr als zehn Prozent soll disqualifizieren. Die Loh-Abzeichen bei Schwarzen oder anderen Einfarbigen sollen sich an folgenden Stellen befinden:

1. Ein deutlicher Punkt über jedem Auge.
2. An den Seiten des Fanges und an den Backen.
3. An den Unterseiten des Behanges.
4. An allen Pfoten und/oder Läufen.
5. Unter der Rute.
6. An der Brust; freigestellt. Vorhandensein oder Fehlen ist nicht zu bestrafen.

Loh-Abzeichen, welche nicht ohne weiteres zu sehen oder kaum aufzufinden sind, sollen bestraft werden. Loh am Fang, das sich nach oben derart ausdehnt, daß es sich verbindet, soll ebenfalls bestraft werden. Das Fehlen von Loh-Abzeichen bei den Schwarzen oder anderen Einfarbigen an einer der spezifischen Stellen bei einem sonst die Loh-Abzeichen aufweisenden Hund soll disqualifizieren. **Bewegung** Der Cocker Spaniel, wenn auch der kleinste der Jagdhunde, muß die typische Gangart eines Jagdhundes besitzen. Voraussetzung für eine gute Gangart ist die Übereinstimmung zwischen der Vor- und Hinterhand. Er „treibt an" mit seiner starken, kraftvollen Hinterhand und ist im Bereich von Schulter und Vorderhand so gebaut, daß er ungehemmt ausgreifend vorwärts läuft, um den Schub aus der Hinterhand auszugleichen (auszunutzen). Zusammengefaßt: seine Gangart ist koordiniert, mühelos und geschmeidig. Der Hund muß sich raumgreifend bewegen (auf dem Boden bleiben). Übertriebene Munterkeit soll niemals mit einer korrekten Gangart verwechselt werden. **Höhe** Die ideale Höhe, gemessen am Widerrist, ist für einen ausgewachsenen

Rüden 38,10 cm und für eine ausgewachsene Hündin 35,56 cm. Die Höhe mag um 1,27 cm nach oben oder unten abweichen. Bestraft werden sollen Rüden über 39,37 cm und Hündinnen über 36,83 cm. Bestraft werden sollen Rüden unter 36,83 cm und Hündinnen unter 34,29 cm.

Anmerkung: Die Höhe wird bestimmt an einer senkrechten Linie, die an den höchsten Stellen der Schulterblätter beginnt und auf dem Boden endet, bei natürlicher Stellung der Vorderläufe und paralleler Stellung der Hintermittelfüße zur Meßlinie.

Disqualifikationen
Farbe und Farbmarkierungen
Schwarze Weiße Abzeichen, außer an Brust und Hals. **Andere Einfarbige außer Schwarze** Weiße Abzeichen, außer an Brust und Hals. **Mehrfarbige** Neunzig Prozent (90 %) und mehr einer Grundfarbe. **Loh-Abzeichen (1)** Wenn mehr als zehn Prozent (10 %); **(2)** Fehlen von Loh-Abzeichen bei Schwarzen oder anderen Einfarbigen an einer der spezifischen Stellen bei einem sonst die Loh-Abzeichen aufweisenden Hund.

Höhe Rüden über 39,5 cm; Hündinnen über 37 cm.

STANDARDERLÄUTERUNGEN

Allgemeine Erscheinung Der Standard ist hier recht ausführlich, unterstreicht die wichtigsten Eigenschaften der Rasse. Die Bezeichnungen „ungezwungen" und „fröhlich" betonen meine früheren Anmerkungen über den Rassecharakter. Der Standard verlangt nach einem für die Jagd tauglich aussehenden Hund, anatomisch völlig ausbalanciert. Es gibt einige vage Formulierungen, die aber richtig betrachtet immer das Gleiche fordern: frei sein von jeder Übertreibung. Als Jagdhund sollte der American Spaniel gesund und robust genug für die Alltagsarbeit in Wald und Feld sein. Übertreibung in einem Bereich führt in aller Regel zu Mängeln in anderen, es fehlt die Ausgewogenheit, und Ausgewogenheit ist zwar schwer zu definieren, aber das Wesentliche an einem guten Hund. Für mich ist ein ausgewogener Hund einer, bei dem jeder Körperteil in richtiger Proportion zum anderen steht, so daß sich hieraus ein angenehmes, ästhetisches Bild ergibt. Ein ausgewogener Hund „sieht richtig aus". Ein weiterer wichtiger Satz in diesem Teil lautet „gut aufgerichtet auf geraden Vorderläufen", dies unterstreicht eines der

Links: *Dreifarbiger American Cocker Spaniel. Die lohfarbenen Abzeichen sind entsprechend dem Rassestandard verteilt, nämlich leicht sichtbar, aber nicht stark ausgedehnt, mit klaren Flecken über den Augen und an den Wangen.*

wichtigsten körperlichen Merkmale der Rasse, unterscheidet ihn klar von seinen englischen Vertretern. Die obere Linie fällt beim Amerikaner vom Widerrist bis zum Rutenansatz. Der Amerikaner steht höher auf den Vorderläufen als sein englischer Verwandter, und diese Eigenschaft ist wichtig, trägt zu der sehr vornehmen äußeren Linie der Rasse bei.

Kopf und Schädel Hier möchte ich die Forderung nach einem guten Stop vor den Augen und nach Aufwölbung des Oberkopfs unterstreichen. Diese Eigenschaften, verbunden mit kurzem Fang, ausgemeißelt sein unter den Augen und die Augen selbst sind für den amerikanischen Rassetyp von größter Bedeutung. Knochige Backen und übertrieben breiter schwerer Oberkopf mindern wesentlich die Qualität des Hundes, führen zu einem groben Aussehen. Das Auge des Amerikanischen Cocker ist gegenüber dem Englischen Cocker eher voller, aber ein übertriebenes Glotzauge ist ein außerordentlich häßlicher Fehler. Was das Auge angeht lautet das Grundprinzip, je dunkler, desto besser; Ausnahme ist der schokoladenfarbige Amerikaner, wo eine hellere Haselnußfarbe gestattet ist.

Obgleich der Rassestandard einen runden, gut entwickelten Schädel verlangt, beschreibt er auch einen aufgewölbten Oberkopf, was einen Widerspruch darzustellen scheint. Der Oberkopf des Amerikanischen Cocker muß rund sein, darf aber nicht zur Übertreibung in Form einer Apfelköpfigkeit werden.

Behang und Hals Das Wichtige an den Behängen ist ihr „Ansatz", das heißt der Punkt, wo die Behänge am Kopf angesetzt sind. Ist der Behang höher als in Augenhöhe angesetzt, mindert es die Qualität des Kopfes und den typischen Ausdruck des Hundes. Eine gute Halslänge gibt der äußeren Linie eines Hundes immer mehr Adel, lose Haut unter der Kehle wäre aber eine deutliche Verschlechterung.

Schultern In der Bestimmung der äußeren Linie eines Hundes, Ausgewogenheit der Vorderhand und Bewegung ist die Lagerung der Schulter entscheidend. Die Schulterblätter müssen klar geformt sein, mit ihren Spitzen nahe am Widerrist. Das Schulterblatt ist etwa in einem Winkel von 45° nach vorne gestellt, wo es auf den Oberarm trifft, dabei bildet es zum Ellenbogen hin einen Winkel von ungefähr 90°. Mangelnde Schräglagerung führt zwar zu einem „gut aufrecht stehenden" Effekt, hierzu gibt es aber auch einen Gegeneffekt, nämlich kurzen Hals und schmale Front. Ungenügend zurückgela-

gerter Oberarm verkürzt das Ausgreifen der Vorhand.

Körper Der Hund sollte hochrechteckig kurzrückig mit guter Rippenwölbung sein, kompakt im Lendenbereich bei tiefem Brustkorb. Der Amerikanische Cocker ist bei weitem nicht nur viel Fell und Schönheit, er braucht Substanz und Kraft eine Jagdhundes. Die obere Linie sollte vom Widerrist bis zur Rute abfallen, diese Neigung sollte auch in der Bewegung zu sehen sein, eine ganz wichtige Eigenschaft.

Hinterhand Die Hinterhand muß in Knie- und Sprunggelenk gut gewinkelt sein. Das tief stehende Sprunggelenk ist Merkmal für gute Winkelung der Hinterhand, stellt in Verbindung mit gut ausgeprägtem Widerrist die vom Standard verlangte abfallende Rückenlinie sicher. Auch der Rutenansatz ist dabei von Wichtigkeit: „Angesetzt und getragen in einer Linie mit der Rückenlinie". Hierdurch entsteht eine saubere, feste Rückenlinie, fester als die Rückenlinie des Englischen Cocker, dessen Rutenansatz tiefer liegt, wodurch eine gebogenere, abgerundete Silhouette entsteht.

Bewegung In der Bewegung zeigt der Amerikanische Cocker freien Ausgreifen der Vorderläufe und starken Schub aus der Hinterhand. Der Hund bewegt sich frei in einem Stil, der strahlendes Selbstbewußtsein und Aktivität dokumentiert.

Haarkleid Bei einer Hunderasse, berühmt wegen ihres Haarkleides, mag es seltsam klingen, wenn man betont, daß da manchmal zu viel Fell ist! Übertrieben üppiges Fell muß bestraft werden, da es die Funktionstüchtigkeit der Rasse für die Jagd beeinträchtigt, insbesondere die Bewegung. Es kann auch die klare, äußere Linie des Hundes stören. Wollige und watteartige Behaarung ist nicht nur häßlich, sondern auch sehr schwer in Ordnung zu halten.

Farbe Der Abschnitt über die Farben ist sehr detailliert, insbesondere hinsichtlich der lohfarbenen Abzeichen von schwarz lohfarbigen Tieren (einschließlich dreifarbigen) – dabei geht es um die genauen Stellen, an denen die Abzeichen liegen sollen. Der arme Züchter und Aussteller von schwarz lohfarbenen Hunden hat schon einige Kopfschmerzen, wenn er die richtige feine Balance sucht zwischen Markierungen, die sich nicht stark abzeichnen und solchen, die als übertrieben angesehen werden. Ich persönlich finde, daß kräftige lohfarbene Abzeichen oft den Ausdruck des Hundes ziemlich hart und gewöhnlich machen. Nach meiner Meinung aber sind Typ und Harmonie von sehr viel größerer Wichtigkeit, die entscheidenden Faktoren im Ausstellungsring.

AUSWAHL EINES AUSSTELLUNGSWELPEN

Geht man zu einem Züchter, um einen Welpen zu kaufen, der auf Ausstellungen Chancen haben soll, dann sollte man nicht nur auf guten Gesundheitszustand und Fröhlichkeit des Welpen achten, sondern auch, wie weit er bereits in diesem Stadium den Anforderungen des Rassestandards nahekommt. Natürlich gibt es dabei einige Grundtatsachen, die man beachten sollte.

Es gibt ein altes Sprichwort, das sagt: „Man kann keine Seidenbörse aus dem Leder eines Schweineohrs machen." Dies ist eine sehr gesunde Richtschnur in der Zucht von Ausstellungshunden. Um Ausstellungshunde zu züchten, braucht man als Allererstes erstklassige Elterntiere, Durchschnittstiere bringen in aller Regel Nachzuchten gleicher Art. Es gibt zwar Ausnahmen, aber die Chancen, aus mittelmäßigen Eltern einen erstklassigen Welpen zu züchten, sind außerordentlich klein. Deshalb muß man, wenn man ein Ausstellungstier möchte, zu einem Züchter gehen, der aus Spitzenausstellungstieren züchtet. Dies garantiert zwar keinen Nachwuchs, der immer auf Ausstellungen siegt, aber es vermehrt beträchtlich die Chancen.

Züchter, die für den Ausstellungsring züchten, behalten oft ein Jungtier selbst. In aller Regel haben sie auch eine Warteliste für vielversprechende Ausstellungstiere, deshalb muß man zuweilen hier auch einige Zeit warten. Man sollte dem Züchter klar sagen, daß man einen Hund mit Ausstellungschancen kaufen möchte, um entsprechende Beratung bitten. Ein Züchter von gutem Ruf wird alles tun, um zu helfen, denn ein zufriedener Käufer mit einem siegenden Hund aus seiner Zucht ist auch für ihn die beste Werbung für seinen Zwinger. Ich selbst freue mich am allermeisten, wenn ich Hunde aus meinem Zwinger mit ihren neuen Besitzern auf Ausstellungen siegen sehe, und ich bin ganz sicher, daß andere Züchter ebenso empfinden.

Wann kann man überhaupt sehen, daß ein Welpe Ausstellungschancen hat? Es gibt einige Züchter, die behaupten, sie könnten ihre Sieger „naß" erkennen, das will sagen, zum Zeitpunkt der Geburt.

Ich gehöre nicht zu dieser Art Züchter. Es mag zwar möglich sein, korrekten Körperbau und Knochenstruktur in diesem Alter zu erkennen, zu dieser Zeit kann ich aber mit Sicherheit nicht voraussehen, ob ein Welpe einen guten Kopf, dunkle Augen, schönen Hals usw. haben wird. Meine Erfahrung besagt, daß Welpen im Wachstum sich sehr stark verändern.

Zeitpunkt der Wahl

Etwa im Alter von fünf Wochen beginne ich, meine Welpen zu erziehen, sie auf einem Trimmtisch aufzustellen, so daß man sie anatomisch überprüfen kann. Bis zum Alter von acht Wochen hat sich der Junghund daran gewöhnt, man kann ihn

Unten: Ausstellungstraining. Dieser Junghund übt die richtige Stellung für die Ausstellung.

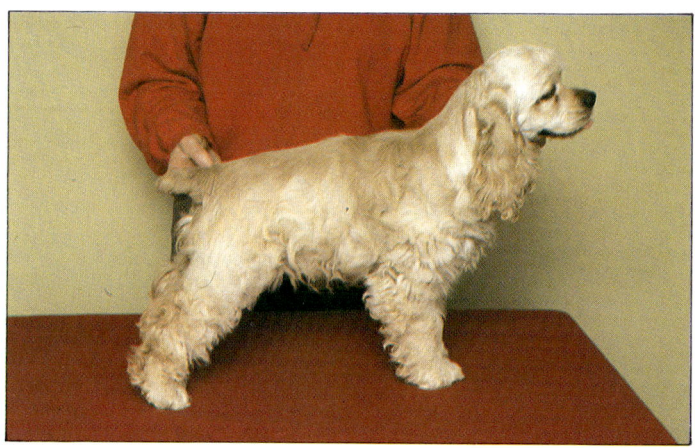

dann auch mit kritischem Auge mustern. Nach meiner Erfahrung repräsentiert ein Welpe in diesem Alter eine Kleinausgabe des künftigen erwachsenen Hundes. Vor diesem Alter durchlaufen Welpen erschreckende Wachstumsphasen, nach acht Wochen haben sie einige schlaksige Wachstumsschübe, werden hochläufig und flach, verlieren den Stop und die Ausmeißelung des Kopfes, schauen manchmal scheußlich aus. Erst im Alter von sechs Monaten fängt der Junghund meist wieder an, seine frühere Gestalt anzunehmen. Bei all diesen Hinweisen muß unbedingt beachtet werden, daß ganz gleich, wie vielversprechend ein Junghund mit acht Wochen aussieht, es **keine Garantie** gibt, daß er sich auch zwingend in der angedeuteten Richtung auswächst, erwachsen wirklich zum Ausstellungshund wird. Es gibt zahlreiche „100 %ige Champions" im Alter von acht Wochen, die als fröhliche Familienhunde ihr weiteres Leben führen. Ich selbst wähle meine Ausstellungsjungtiere mit acht Wochen aus, versuche dann, vor einem Alter von sechs Monaten sie mir überhaupt nicht kritisch anzusehen. Ein im Alter von vier Monaten schlaksiger Welpe kann in diesem Entwicklungsstadium durchaus den Eindruck erwecken, „keine Hoffnung" zu sein, einige Monate später aber könnte er dennoch sein ursprüngliches Versprechen einlösen.

Worauf ist zu achten

Auf die zur Auswahl stehenden Welpen kann man die einzelnen Punkte des Rassestandards anwenden. Ein Welpe sollte in diesem Alter einen guten Stop zeigen, gut aufgewölbten Oberkopf und tief angesetzte Ohren. Die Fangpartie sollte kurz und quadratisch sein, ein langer Fang ist keine Empfehlung. Ein kurzer Fang kann sich zwar noch verändern, länger werden, ein langer Fang wird aber nie mehr kürzer. Der Welpe sollte ein korrektes und regelmäßiges Scherengebiß zeigen, Fehler im Welpengebiß treten in der Regel auch beim zweiten Gebiß auf.

Man achte auf gute Halslänge, kräftige Knochen, einen festen, gut aufgerippten Körper. Der Rücken sollte kurz, der Rippenkorb lang sein. Niemals sollte man einen Welpen auswählen, der in der Lendenpartie, also dem Raum zwischen der letzten Rippe und dem Ansatz der Hinterhand lang ist. Welpen, die im Lendenbereich lang sind, entwickeln häufig unerwünschte lange Rücken und eine entsprechend schlechte Rückenlinie. Außerordentlich wichtig ist die kraftvolle abfall-

ende Rückenlinie und der Rutenansatz, der in gleicher Linie zum Rücken stehen muß. Ein Welpe, dessen Rücken vom Rutenansatz an abfällt, der also einen abgerundeten Rumpf hat, wird nie eine korrekte Rückenlinie und entsprechenden Rutenansatz haben, was meiner Auffassung nach für einen Ausstellungshund sehr wichtig ist. Man achte auf die Hinterläufe, sie sollten gute Winkelung an Knie- und Sprunggelenk haben, das Sprunggelenk muß weit heruntergelassen sein.

Es ist wichtig, Welpen im Spiel zu beobachten, dabei kann man Ausgewogenheit und Bewegung beurteilen. Man achte erneut auf feste, abfallende Rückenlinie, die auch in der Bewegung des Junghundes sich so zeigen muß. Man meide einen Welpen mit eingeklemmter Rutenhaltung, dies ist ein Anzeichen für Furchtsamkeit. In diesem Alter tragen viele American Cocker ihre Rute zu hoch. Dies ist nicht immer ein Hinweis für eine „fröhliche Rute" (zu hoch getragene Rute), vielmehr meist nur ein Anzeichen von Lebensfreude und Übermut. Nebenbei bemerkt, mir ist ein Hund mit fröhlich getragener Rute lieber als ein Cocker, dem die natürliche rassebedingte Lebensfreude fehlt.

Will man zum zukünftigen Aussteller werden, wäre es unklug, dies ohne Hilfe eines Experten zu versuchen. Hier kann man einen erfahrenen Züchter zum Rat bitten, muß aber dennoch wissen: Nicht alle vielversprechenden Welpen halten ihr Versprechen. Einige unserer Schwäne verwandeln sich im Heranwachsen zu Enten. Es gibt keinen perfekten Hund, alle haben Fehler. Jeder Welpe gibt und verlangt Liebe und Loyalität – trotz einiger Unvollkommenheiten. Man sollte sich vor Augen halten, daß ein Ausstellungshund nie eine unpersönliche Abstraktion ist – man sollte ihn nie schelten oder mißachten oder gar ihm die Liebe entziehen, nur weil er nicht alle Erwartungen erfüllt hat. Man sollte nie in erster Linie Hundeaussteller sein, sondern als erstes und allerwichtigstes Hundeliebhaber!

DAS AUSSTELLUNGSTRIMMEN

Viele der bereits dargestellten Grundprinzipien für die Fellpflege gelten auch für den Ausstellungshund. Es gibt aber einige wichtige Unterschiede:
1. Die Ausstellungsschur hat zur Voraussetzung, daß der Amerikanische Cocker mit seinem vollen, luxeriösen

Haarkleid an Körper und Läufen gehalten wird, deshalb mehr Pflege und häufigeres Baden verlangt.

2. Während man einen ziemlich strubbelig aussehenden Amerikanischen Cocker durch die normale Liebhaberschur in wenigen Stunden in einen vorzüglich aussehenden Hund verwandeln kann, erfordert das Ausstellungstrimmen viel mehr laufende und sorgfältige Pflege.

3. Obgleich das Trimmuster das gleiche Ausdünnen erlaubt, liegt der wesentliche Unterschied in der Kunst, das Rückenhaar des Amerikanischen Cockers mit der Hand zu trimmen, das heißt mit anderen Worten, unerwünschtes Haar wird einfach ausgerissen, im Gegensatz zu den schnelleren Schertechniken. Obgleich natürlich einige Aussteller ihre Hunde im Ring stark mit Scheren bearbeitet vorstellen, wird der beste, am längsten während Effekt durch Handtrimmen erzielt.

Handtrimmen

Die Hauptbereiche des Handtrimmens erstrecken sich vom Hinterhauptbein über den Hals, den Rücken entlang und beidseits des Rippenkorbs.

Viele Hundebesitzer versuchen, das Haar auszuziehen, bevor es reif ist, das ist ein Fehler. Das Welpenkleid des Amerikanischen Cockers ist viel wolliger und flauschiger in seiner Struktur als das gewünschte seidige Erwachsenenkleid. Etwa im Alter von acht bis neun Monaten beginnt das Welpenhaarkleid auszufallen oder es ist reif, um ausgezupft zu werden. Alle Versuche vor diesem Alter sind sinnlos, sie bereiten dem Hund nur Unannehmlichkeiten und führen zu armseligen Ergebnissen, oft behindern sie das neue Haarkleid im Wachstum. Bis zum Alter von acht bis neun Monaten reicht das Kämmen mit einem feinzahnigen Kamm Nr. 6 aus, um das Welpenhaarkleid in Ordnung zu halten und einiges der dicken Unterwolle zu entfernen.

Ist das Haar reif, um handgetrimmt zu werden, ist es immer ratsam, das Fell mit etwas Kalkpuder zu bearbeiten, ehe man mit dem Auszupfen beginnt. Hierdurch wird das Fell gelockert, Daumen und Zeigefinger bekommen einen besseren Griff. Man nimmt ein paar Haare zwischen Daumen und Zeigefinger und zieht

Unten: *Ausstellungstrimmen. Fang, Bakken, oberes Drittel des Ohrbehangs (rot markierter Bereich), Front herunter über das Brustbein und das Gebiet rings um die Rute werden geschoren. Diese geschorenen Körperteile werden mit der Ausdünnungsschere mit dem übrigen Haarkleid verbunden; die blaumarkierten Körperbereiche zeigen, wo ausgedünnt werden muß. Der Bereich innerhalb der weißen Linie muß mit der Hand getrimmt werden.*

gleichmäßig **in Haarwuchsrichtung** aus. Man beginnt mit dem Halsansatz und arbeitet bis zu den Schultern und dann über den Rücken bis zur Rute. Dies ist ein sehr langsamer Prozeß und es ist ratsam, nie zu versuchen, die ganze Arbeit bereits im ersten Anlauf fertig zu stellen. Am Besten beginnt man mit einer halben Stunde täglich und arbeitet Tag für Tag voran. So sieht man nach und nach die ganze Jugendwolle verschwinden, ein glattes, glänzendes Haarkleid kommt zum Vorschein, ein Anblick, der erfreut und befriedigt.

Hat man einmal den richtigen Pflegezustand erreicht, fällt es leichter, ihn zu erhalten. Regelmäßiges Kämmen mit Kamm Nr. 6 ist oft alles, was notwendig ist, um das Rückenhaar in Ordnung zu halten, ein paar Minuten wöchentlich reichen aus, um neues Wachstum auszutrimmen. Immer sind es die ersten paar Pflegesitzungen, die Geduld fordern und – traurig zu sagen – zu vielen Ausstellern scheint diese Geduld zu fehlen. Sie haben es viel zu eilig, ihren jungen Hund in den Ausstellungsring zu bringen, nehmen Zuflucht zu den Ausdünnscheren, was bequem und schneller ist, entsprechende Kurzzeitwirkungen zeigt. Aber in der Zeit danach fordert diese Methode oft viel mehr Arbeit, um das Rückenfell in Ordnung zu halten. Gerade weil es mit der Schere bearbeitet wurde, ist es jetzt oft viel dichter und härter, als das handgetrimmte Fell.

Die geschnittenen Bereiche rund um die Rute, unter dem Kinn und an der Front werden mit den handgetrimmten Bereichen mit Hilfe der Ausdünnschere harmonisch zusammengefügt. Das Trimmen der Pfoten, Reinigung der Zähne und das Schneiden der Nägel folgt dem Muster, das wir schon beim Trimmen für den Haushund vorgaben.

Ein Wort der Warnung: Möchte man seinen Hund ausstellen, dann sollte spätestens alles Arbeiten am Hundefell bis vier Tage vor dem Ausstellungstemin abgeschlossen sein, nur dann verlieren die geschnittenen Bereiche ihre Rauhheit und harmonieren mit den ausgedünnten und handgetrimmten Bereichen.

Unten: *Man findet das Brustbein des Hundes zwischen und leicht über den Vorderläufen. Von diesem Punkt fährt man nach oben und gleicht die harten Ränder mit der Ausdünnschere aus.*

Rechts: *Mit der Ausdünnschere trimmt man den Haarschopf und gleicht auch damit aus. Das Ausdünnen erfolgt, indem man die glatte Schneidfläche der Schere möglichst eng entlang der Haut des Hundes führt.*

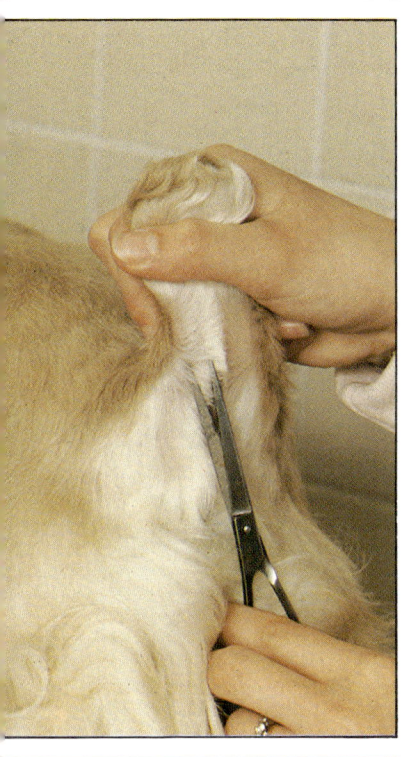

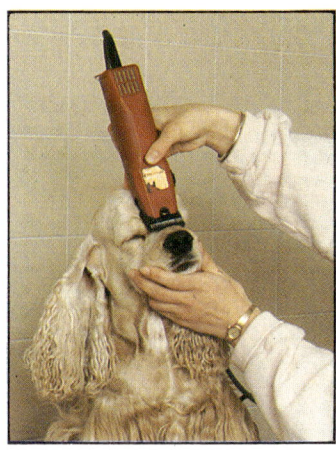

Oben: *Dieses Bild zeigt das Scheren des Kopfes. Vom Stop – der Stelle zwischen den Augen – fährt man über den Fangrükken bis zur Nase.*

Links: *Nach dem Scheren des Bereichs unter der Rute verwendet man die Ausdünnschere zur Angleichung. Dabei werden alle überstehenden Haare mit normaler Schere abgeschnitten.*

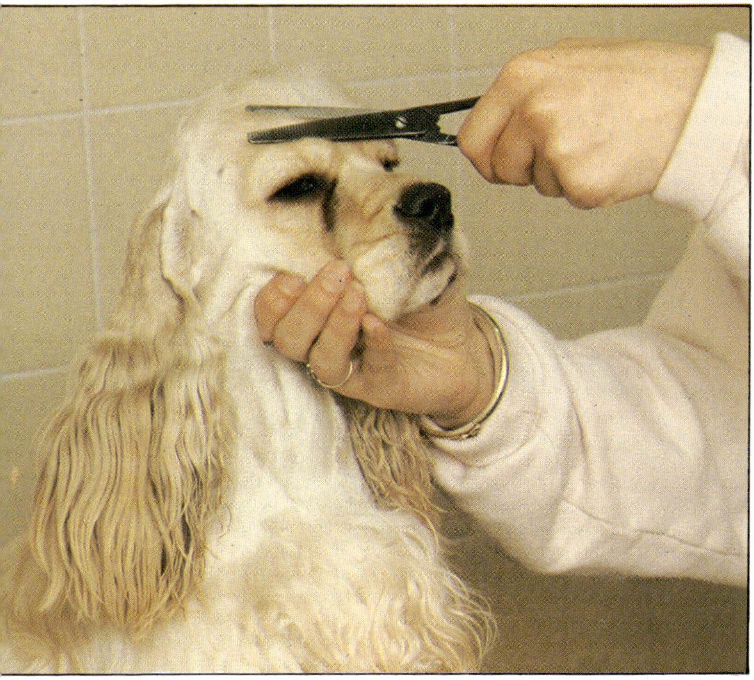

TEIL DREI
DIE UNTERSCHIEDE

Hält man sich vor Augen, daß beide Hunderassen auf gemeinsame Vorfahren zurückgehen, daß ihre Rassentrennung erst vor einiger Zeit erfolgt ist, überrascht es sicherlich nicht, viele Gemeinsamkeiten zu finden.

Übereinstimmendes Wesen

Das Wichtigste ist die weitgehende Übereinstimmung beider Rassen in ihrem Temperament. Der „fröhliche Cocker" ist ein Gütemerkmal, das man gleichermaßen beiden Rassen zusprechen kann. Beide sind quadratisch aufgebaute Hunde mit kurzem Rücken und tief gewölbtem Rippenbogen. Der amerikanische Standard verlangt vom Amerikanischen Cokker, daß er kürzer als seine Schulterhöhe

Unten: *Dies ist die klassische Kopfform des Englischen Cocker (Mr. Happy). Der Oberkopf ist länger, weniger aufgewölbt, der Stop weniger ausgeprägt als beim Amerikanischen Cocker.*

Unten rechts: *Beim Amerikanischen Cocker ist der rundere Oberkopf ungefähr zweimal so lang wie der Vorderschädel, die Augen sind etwas runder und voller als beim Englischen Cocker.*

sein muß, das verändert die Balance gegenüber dem Englischen Cocker.

Kopfformen

Ins Gewicht fallende Unterschiede der Rassen erkennt man in Kopf, Rücken, Rückenlinie, Rutenansatz und Hinterhand. Die Kopfformen der beiden Rassen unterscheiden sich beträchtlich. Beim Englischen Cocker entspricht die Länge des Vorderkopfs der Länge von Stop bis Hinterhauptbein, der Oberkopf ist länger und weniger ausgewölbt als der des Amerikanischen Cocker, der Stop weniger ausgeprägt. Der rundere Oberkopf des Amerikanischen Cocker hat ungefähr die doppelte Länge des Vorderkopfes, deshalb ist dieser Kopf völlig anders ausbalanciert. Das Auge des Amerikaners ist etwas runder, geringfügig voller als das des Englischen Cocker.

Obere Linie, Rutenansatz, Sprunggelenk

Rückenlinie und Rutenansatz bestimmen die stark ins Gewicht fallenden Unterschiede. Der Amerikanische Cocker sollte im Schulterbereich „gut aufgerichtet" sein. Diese Anhebung der Front des Amerikaners ist ein wichtiges Unterscheidungsmerkmal. Er ist im Bereich der Vorderläufe höher gestellt als sein englischer Vetter, entsprechend fällt die Rückenlinie vom Widerrist bis zum Rutenansatz gleichmäßig ab. Die Rute ist in einer Linie zum Rücken angesetzt, es darf keinen Abfall gegenüber dem Rumpf beim Rutenansatz geben. Diese saubere, feste, obere Linie wird noch durch Knie- und Sprunggelenkwinkelung des Amerikanischen Cockers unterstrichen, die stärker sind als beim Englischen Cocker. Dadurch ist die gesamte äußere Linie, das seitliche Profil des Amerikanischen Cockers verändert.

Oben: *Der Englische Cocker ist kompakter, tiefer gestellt als der Amerikanische Cocker. Er hat eine weniger ausgeprägte Sprunggelenkwinkelung und ist in der Hinterhand breiter. Er sollte eine gerade obere Linie haben, Rutenansatz etwas niedriger als die Rückenlinie.*

Oben rechts: *Der Amerikanische Cocker zeichnet sich durch seinen hohen Widerrist aus, eine stark abfallende Rückenlinie. Rutenansatz in Rückenhöhe, das heißt, der Rumpf darf nicht gerundet sein. Hinzu kommt stärkere Winkelung von Knie- und Sprunggelenk als beim Englischen Cocker.*

Unterscheidungsmerkmale sind hoher Widerrist, abfallende Rückenlinie, höherer Rutenansatz und Hinterhandwinkelungen.

Der Englische Cocker Spaniel sollte eine gerade obere Linie haben, sowohl im Stand als auch in der Bewegung.

Seine Rute ist etwas tiefer als die Rückenlinie angesetzt, dadurch entsteht ein hübsch aussehender, abgerundeter Rumpf, ein Kontrast zum Amerikanischen Cocker, gleichzeitig ein ganz wesentliches Merkmal des Englischen Cockers. Der Cocker sollte im Knie gut gewinkelt, das Sprunggelenk tief gestellt sein, beim Englischen Cocker ist aber das Sprunggelenk weniger, das Kniegelenk et-was steiler gewinkelt als beim Amerikanischen Cocker. Die aufrechte Front und die fließenden Linien des Amerikaners bringen eine Eleganz, die dem englischen Cockertyp fremd ist. Der Englische Cocker ist weniger stromlinienförmig als sein amerikanischer Verwandter.

Größe und Gewicht
In den Pioniertagen der Rasse in Amerika war einer der Hauptstreitpunkte der zwei verschiedenartigen Typen das Gewicht, der amerikanische Typ war viel leichter und kleiner als der ursprüngliche englische Typ. Heute sind die Größenunterschiede nahezu verschwunden; die Rassestandards verlangen eine Größendiffe-

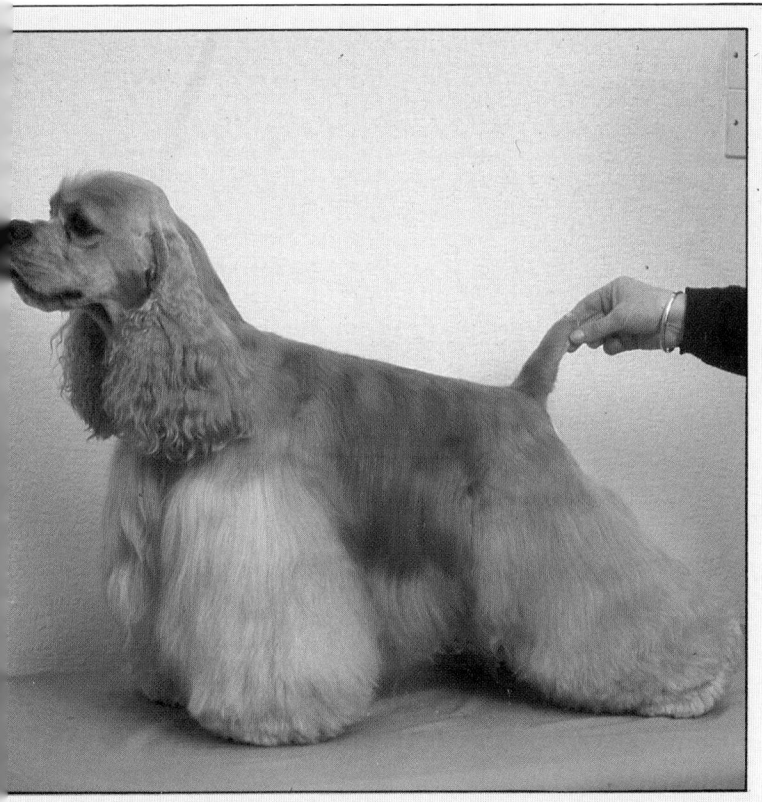

renz von ganzen 6 mm, um die der Englische Cocker geringfügig größer ist.

Fellbeschaffenheit

Der bemerkenswerteste Unterschied ist wahrscheinlich die verschiedenartige Fellbeschaffenheit. Die Fellstruktur beider Rassen ist zwar identisch, flach und seidig, aber die Dichte des Körperhaars und der Behaarung der Läufe zeichnen den Amerikanischen Cocker besonders aus. Selbst mit abgeschorenem Fell sind Körperqualität und äußere Linie des Amerikaners immer noch charakteristisch.

Bewegung

Auch in der Bewegung sind Unterschiede deutlich erkennbar. Dabei soll der Amerikanische Cocker seine abfallende Rückenlinie auch in der Bewegung zeigen, die Rute parallel zur Rückenlinie oder leicht nach oben getragen. Der Englische Cocker ist gleichfalls ein sich flüssig und frei bewegender Hund, aber seine Haltung hat nicht die gleiche Extravaganz. Seine obere Linie sollte eben bleiben, seine Rute nicht über Rückenhöhe getragen werden.

Nicht so unterschiedlich?

Für das ungeschulte Auge mögen die Unterschiede geringfügig erscheinen, für den Cockerliebhaber jedoch sind die Details von überragender Bedeutung, prägen den Rassetyp. Es ist eine unglückliche Tatsache, daß in England viele der ersten Richter, die Amerikanische Cocker Spaniels zu richten hatten, besonders erfahrene Kenner des Englischen Cocker waren. Deshalb brauchte es viel längere Zeit, bis der korrekte Amerikanische Cocker Spaniel Typ erkannt, geschätzt und in England richtig fundiert wurde. Aus dem Blickwinkel der Anhänger des Amerikanischen Cockers scheint sich diese Situation mittlerweile positiv weiterzuentwickeln.

Jede Rasse hat ihre eigenen glühenden Anhänger und Liebhaber, läßt man aber jetzt einmal die geringfügigen körperlichen Unterschiede – wie oben dargestellt – zur Seite, sollten beide Parteien darin völlig übereinstimmen, daß der Cocker Spaniel – Englischen oder Amerikanischen Typs – ein großartiger kleiner Hund ist!

TEIL VIER

HALTUNG UND BETREUUNG VON COCKER SPANIELS

Kapitel eins

DER
JUNGE
COCKER SPANIEL

WELPENFÜRSORGE

Schlafen

Ehe man den Junghund nach Hause bringt, sollte man entscheiden, wo er seinen Schlafplatz erhält. Die meisten Hundebesitzer möchten gerne den Junghund in der Küche oder in einem Arbeitszimmer unterbringen, dies sind auch sehr gut geeignete Plätze. Ein stabiler Pappkarton, groß genug, daß sich der Welpe ausstrecken kann, ist, an der Breitseite ausgeschnitten, ein ideales Lager für dieses Stadium. Bis zum endgültigen Lager wartet man den Zahnwechsel des Junghundes ab. Der Karton wird mit weicher Decke oder Kissen gemütlich ausgestattet.

Es hat sich außerordentlich bewährt, dieses Lager mit einem Drahtgitter zu einer Art Laufstall abzugrenzen, so etwas erhält man im Fachgeschäft, und den Boden mit Zeitungspapier so auszulegen, daß sich der Hund beim Aufwachen problemlos lösen kann.

Die erste Nacht kann für Besitzer und Junghund zu einer außerordentlich kritischen Zeit werden, höchstwahrscheinlich fühlt sich der Junghund allein, vermißt die Gesellschaft von Mutter und Wurfgeschwister.

Es gibt verschiedene Meinungen, ob es ratsam ist, einen Welpen ins Schlafzimmer zu nehmen. Viele Hundebesitzer tun das, und diese Wahl steht ihnen natürlich frei. Hat man aber damit einmal angefangen, ist es schwierig, wieder aufzuhören. Ist man deshalb nicht sicher, daß man den

Unten: *Dieser Neuankömmling in der Familie hat für den Anfang als Lager einen Pappkarton mit Wolldecke und wird mit seinem Lager in einer warmen, sicheren Ecke untergebracht.*

Hund bis zum Ende seines Lebens im Schlafzimmer haben will, sollte man nie damit anfangen!

Genauso wie das Menschenbaby braucht ein kleiner Welpe sehr viel Ruhe und Schlaf. Kommt er mit acht Wochen in sein neues Heim, liegen zwischen den einzelnen Mahlzeiten lange Schlafperioden, das muß man beim Welpen genau so gewährleisten wie beim menschlichen Baby. Es ist immer besser, wenn man den Welpen ganz natürlich aufwachen läßt als ihn aufzuwecken, selbst zu Essenzeiten. Der Junghund wird dann frisch und munter sein, man ist sicher, daß er genug Schlaf gefunden hat.

Jede Woche wird das Schlafbedürfnis etwas kleiner, ist der Junghund einmal fünf oder sechs Monate alt, ist ein kurzes Nickerchen in regelmäßigen Abständen alles, war er den Tag über braucht.

Fütterung

Zumindest über die ersten Tage sollte man unbedingt den Futterplan des Züchters einhalten, dadurch vermeidet man Verdauungsstörungen. Man sollte stets zur selben Zeit Tag für Tag in ruhiger Umgebung füttern, dabei darf das Futter weder zu heiß noch zu kalt sein.

Unten findet der Leser Futterempfehlungen für Jungtiere mit den jeweiligen Futtermengen zwischen zwei Monaten und einem Jahr. Man achte darauf, daß der Hund auch bei Bedarf Zugang zu frischem Wasser hat.

Behandlung

Die Behandlung gerade eines achtwöchigen Welpen ist von größter Wichtigkeit; rohe oder rücksichtslose Behandlung in diesem Alter kann einen Hund auf lange Zeit – in extremen Fällen – für sein ganzes Leben wesensmäßig schädigen.

Man hebt den Welpen stets hoch, indem man mit der linken Hand seine Hinterläufe unterstützt, mit der rechten Hand Brustbein und beide Ellenbogen kontrolliert. Niemals darf man den Junghund nur an den Vorderläufen oder gar am Nackenfell hochheben. Gerade das letztere kann – wenn man es öfter tut – zu loser Kehlhaut führen, – ein ernsthafter Fehler, wenn man den Hund ausstellen möchte.

Man achte immer sorgfältig darauf, daß ein Welpe nicht auf den Boden fällt –

– Fütterungsempfehlungen von zwei Monaten bis zu einem Jahr –

2–4 Monate:

Frühstück:	Futterflocken eingeweicht in halb Milch, halb Wasser.* Man setzt ein Eigelb, einen Teelöffel Honig oder braunen Zucker zu. *Alternative: mit Welpenmilchpulver angereicherte Vollmilch.
Mittagessen:	85–115 g rohes, kleingeschnittenes Fleisch mit etwas in Fleischbrühe gelöstem Welpenfutter.
Teezeit:	Wie beim Frühstück, aber ohne Eigelb.
Abendessen:	Wie beim Mittagessen. Alternativen: Welpenfutter aus der Büchse, Fisch, Huhn – als Zusatz Zeralienmixer eingeweicht wie beim Mittagessen.

Als Zusatz erhält der Welpe täglich eine Mischung von Vitaminen, Mineralien und Kalk.

4–6 Monate: Die Anzahl der Mahlzeiten kann auf täglich drei reduziert werden.

Frühstück:	Trockenmixer, mit vier Monaten eine gute Handvoll bis zum Alter von sechs Monaten auf zwei Handvoll ansteigend. Zusätzlich erhält der Hund zum Trinken eine Mischung halb Milch/halb Wasser* und zusätzlich ein Eigelb wie zuvor. *Alternative: mit Welpenmilchpulver angereicherte Vollmilch.
Mittagessen:	110–170 g Fleisch – Huhn oder Büchsenfutter – hinzu kommt eine Handvoll Mixer oder eingeweichte Getreideflocken.
Abendessen:	Wie Mittagessen.

Laufend erhält der Hund als Ergänzung Vitamin/Mineralien/Kalk-Zusatz wie vom Hersteller empfohlen.

6 Monate bis ein Jahr: Die meisten Hunde kommen nun mit zwei Mahlzeiten täglich aus. Erweckt der Hund aber den Anschein daß er sein Frühstück vermißt, sollte man es ihm ruhig weiter geben, bis er es selbst ablehnt oder man die Mengen nach und nach kleiner macht.

Mittagessen:	230 g Fleisch – Fisch, Huhn oder Büchsennahrumg – zusätzlich $1^1/_2$ Handvoll Flocken oder Mixer eingeweicht.
Abendessen:	Wie Mittagessen Vitamin/Mineralien/Kalk-Ergänzung wie vom Hersteller empfohlen.

Kindern darf man nur erlauben, mit dem Junghund auf festem Boden zu spielen.

Schutzimpfungen

Etwa im Alter von 12 Wochen müssen alle Welpen gegen Hepatitis, Leptospirose, Staupe und Parvorirose geimpft werden. Bis zu diesem Zeitpunkt hat der Welpe noch durch die über die Muttermilch empfangenen Antikörper genügend Schutz. Wird zu früh geimpft, verhindern diese Antikörper den notwendigen Impfeffekt. Die Schutzimpfung erfolgt normalerweise über zwei mit zwei Wochen Abstand verabreichte Injektionen. Nicht ehe ein Junghund seine zweite Impfung erhalten hat, ist es ratsam, ihn zu Spaziergängen auf die Straße mitzunehmen, ihn mit anderen Hunden zusammenzubringen, es droht Infektionsgefahr. Für alle Länder mit Tollwutgefahr wird eine rechtzeitige Tollwutschutzimpfung dringend empfohlen. In den USA sind diese Impfungen gesetzlich vorgeschrieben. In allen europäischen Ländern werden sie von allen Fachleuten nachdrücklich empfohlen. Nur in England und Australien, die bisher tollwutfrei sind, ist eine solche Impfung überflüssig.

Sozialisierung

Es ist von größter Bedeutung, daß ein Junghund so früh wie möglich mit allen Alltagsereignissen vertraut gemacht wird – ungewöhnlichem Lärm, Menschen und Tieren, die ihn erschrecken könnten, wenn er mit ihnen zusammentrifft.

Vernünftige Züchter machen ihre Welpen mit dem Alltagsgeschehen und Alltagsgeräuschen vertraut, mit Wohnungseinrichtung, Besuchern und auch mit Kindern. In den wenigen Wochen zwischen der Ankunft des Welpen im neuen Heim und dem Abschluß des Impfprogramms (vergleiche oben) ist es nicht empfehlenswert, den Welpen Gesundheitsrisiken auszusetzen, indem er auf Flächen bewegt wird, die auch anderen Hunden zugänglich sind. Das macht es schwierig, den jungen Welpen ohne Gesundheitsrisiko mit anderen Hunden zu sozialisieren. Den Käufern meiner eigenen Welpen empfehle ich über diese Periode, den Hund im Auto mitzunehmen, an verkehrsreichen Plätzen anzuhalten und den Welpen auf dem Arm durch Einkaufszentren mitzunehmen. Auf diese Art wird er mit Geräuschen und dem Anblick einer geschäftigen Umwelt vertraut, in Kontakt zu kommen, nämlich dem Boden und Nasen anderer Hunde. Auf dem Kontinent erfolgt auf Anweisung der Zuchtverbände in aller Regel eine Schutzimpfung der Welpen im Alter von acht Wochen, dadurch sollte es auch eher möglich sein, das Jungtier mit anderen Hunden zusammenzubringen.

Sobald der Welpe vollen Impfschutz hat (im Zweifelsfall befrage man seinen Tierarzt), sollte man ihn mit neuen Begegnungen vertraut machen. Ein Spaziergang im Park ist ein Abenteuer, hier befreunden sich Junghund und Besitzer mit Hunden und Hundefreunden. Dabei muß man aber sehr darauf achten, daß der Hund nicht mit aggressiven Hunden zusammenkommt – das wäre in diesem Alter eine schlimme Erfahrung mit langanhaltenden Auswirkungen.

Eine gute Idee wäre es, sich einem örtlichen Hundeverein anzuschließen. Einige haben es sich zum Ziel gesetzt, Vorbereitungskurse für spätere Ausstellungen durchzuführen, sie lehren Hund und Besitzer, was man im Ausstellungsring von beiden verlangt. Dies sind jedoch in allererster Linie erstklassige Gelegenheiten, daß der Junghund andere Hunde und Menschen trifft. Viele Vereine sind vernünftig genug, alle Hundebesitzer an ihrer Arbeit teilhaben zu lasen, auch solche, die weder ihren Hund ausstellen wollen, noch irgendwelche Leistungsprüfungen abzulegen gedenken. Es ist zu hoffen, daß die Vereine gerade dieser Sozialisierungsaufgabe junger Hunde immer mehr Aufmerksamkeit schenken.

Es gibt Hundeübungsplätze, auf denen in erster Linie Erziehungshilfen geleistet werden. Diese Vereine führen auch Kurse durch, die zu Prüfungen des verkehrssicheren Begleithundes und im „Agility Sport" führen. Nicht zu vergessen sind die Ausbildungsmöglichkeiten für Jagdgebrauchshunde, die von den zuständigen Organisationen angeboten werden. Alle diese Vereine bieten eine vorzügliche Grundlage, den Hund mit Vier- und Zweibeinern zu sozialisieren und außerdem auch die Unterordnung des Hundes in Gruppen zu lernen. Erfahrene Ausbilder helfen, daß der Neuling die Veranlagungen seines Hundes richtig erkennt, entscheiden kann, welche Aufgaben Hund und Führer gestellt werden können, um ihre Möglichkeiten auszuschöpfen.

ERZIEHUNG

Stubenreinheit

Die Erziehung zur Stubenreinheit beginnt mit dem Augenblick, da der Welpe zu sei-

Rechts: Diesem gut erzogenen Junghund wurde beigebracht, bei Spaziergängen in Parks an der Seite des Besitzers zu bleiben und sich zu setzen. Der eigenen Sicherheit halber muß dies ein Hund lernen, wenn man ihn unangeleint spazierenführt.

Mitte: Der nächste Schritt ist es, den Hund zu lehren, auch auf Entfernung vom Führer zu sitzen und an der angewiesenen Stelle zu bleiben. Dies erreicht man, indem man sich vom sitzenden Hund langsam mit erhobener Hand zurückzieht, dabei mit fester Stimme den Befehl „Bleib!" erteilt.

Unten: Nach den Übungen „Sitz!" und „Sitz Bleib!" folgt als nächster Schritt das Herankommen auf Kommando. Die Aussicht auf einen Leckerbissen und tüchtiges Lob ermuntern den Hund, diesem Kommando zu folgen.

nem neuen Besitzer kommt. Je früher man in dem Welpen die Vorstellung verankert, an welcher Stelle er sich lösen darf, umso besser und weniger verwirrend für einen Junghund.

Nach Möglichkeit sollte man seinen Welpen am frühen Morgen abholen. Man bereitet sein Essen vor, ehe man ihn nach Hause holt. Zu Hause angekommen geht man mit ihm direkt in den Garten oder an eine geeignete Stelle, in der Umgebung, frei von Verkehr. Einige Minuten braucht der Junghund, um seine neue Umgebung zu erforschen, dann wird er sich in aller Regel lösen, danach erhält er seine Mittagsmahlzeit. Jetzt sollte man keinesfalls den Welpen schlafen legen, zunächst gehe man zurück an den ersten Löseplatz und bleibe da, bis sich der Welpe erneut gelöst hat, dann ist viel Lob fällig.

Die Nacht über scheint für die ersten Wochen, bis der Junghund alt genug ist, um durchhalten zu können, anderes Verhalten angezeigt. Man legt das Umfeld des Lagers mit Zeitungspapier dick aus – die meisten Welpen beschmutzen nicht das eigene Bett, dies solange, bis der Welpe bis zum Morgen durchhält.

Tagsüber kommt man mit der Stubenreinheit umso schneller zum Erfolg, je wachsamer man ist, erste Anzeichen wie Schnüffeln und Kreislaufen beobachtet und dann schnell den Welpen nach draußen bringt. Jeder Erfolg draußen sollte tüchtiges Loben nach sich ziehen. Unterläuft dem Hund in der Wohnung ein Mißgeschick, ertappt man ihn dabei, ist ein scharfes „Nein!" angezeigt, gefolgt von einem sofortigen Ausflug in den Garten. Diese Erziehung sagt dem Welpen, daß er sich innerhalb des Hauses nicht lösen darf. Ertappt man den Welpen nicht „auf frischer Tat", ist es völlig nutzlos, ja schädlich, ihn danach zu schelten oder gar zu strafen; geistig kann er seine „schlechte Tat" jetzt nicht mit dem Tadel verbinden. Ich muß betonen, daß Hunde immer in erster Linie den **Tonfall**, weniger die Worte verstehen. Der vernünftige Erzieher gebraucht den Tonfall, um zwischen Lob und Tadel zu differenzieren.

Es gehört einfach zu einem Junghund, daß er Fehler macht. Selbst wenn man glaubt, er habe alles gelernt, selbst wenn man sich über seine Fehler aufregt, sollte

man sich vor Augen halten, daß dies einfach nun einmal zum Aufziehen junger Hunde mit dazugehört.

Im Idealfall hat jeder Hund seinen eigenen Garten, sei er noch so klein. Aber es gibt auch viele Hunde, die in Wohnungen glücklich und gesund leben, sie haben dann verantwortungsvolle Besitzer, die ihnen genügend täglichen Auslauf gewähren. In der ersten Aufzuchtsperiode verursacht das Angewiesensein auf die Wohnung zusätzliche Probleme bei der Erziehung zur Stubenreinheit. Aushilfsweise erzieht man den Welpen so, daß er sich nur auf Zeitungspapier oder in einer Spezialkiste mit absorbierender „Katzenstreu" löst. Dies ist manchmal notwendig, bis das Impfprogramm abgeschlossen ist und man den Hund mit zu Spaziergängen nach draußen nehmen kann. Viermal täglicher Spaziergang ist das Mindeste, um „Unglücke" zu vermeiden.

Leinenführigkeit

Man kann mit der Erziehung zur Leinenführigkeit beim Welpen bereits recht früh im Garten beginnen, auch wenn man zu diesem Zeitpunkt wegen fehlenden Impfschutzes den Hund noch nicht auf Straßen, in Parks oder anderen Stellen, wo fremde Hunde hinkommen, ausführen

Rechts: *Ein junger Cocker lernt, an loser Leine „bei Fuß" zu gehen. Diese Erziehung ist für den Liebhaberhund genauso notwendig wie für den Ausstellungshund. Ausbildungsvereine helfen Hund und Besitzer in allen Ausbildungsfragen.*

kann. Man sollte üben – keinesfalls länger als fünf Minuten. Zu Anfang kann es zu einer Art Seilziehen kommen, oder der Welpe sitzt und weigert sich, sich überhaupt zu bewegen. Nur Geduld – und ein Leckerbissen – das sollte dem Hund Mut machen. Bald lernt er, an der Seite seines Besitzers zu gehen. Bis zu dem Zeitpunkt, daß man dem Hund endgültig ausführen kann, sollte er volles Vertrauen gefaßt haben. Gerade auf öffentlichen Plätzen ist in der Anfangszeit eine sich ausdehnende Rolleine von Vorteil, das gilt für die Zeit, bis der Hund auf Anruf zuverlässig zu seinem Herrn kommt.

GESUNDHEITSFÜRSORGE

Beim Cocker Spaniel Junghund sollte man regelmäßig nachstehende Gesundheitsratschläge befolgen.

Augen
Zur Reinigung benutzt man feuchte Watte, entfernt dabei jeglichen Ausfluß,

Unten: *Mit einem zahntechnischen Schaber wird Zahnstein von den Zähnen des jungen Cockers entfernt, vorausgesetzt, er läßt sich dies geduldig gefallen.*

der insbesondere morgens auftritt. Sind die Augen entzündet oder sondern sie gar Eiter ab, bedarf es entsprechender Behandlung. Man sollte seinen Tierarzt um Rat bitten.

Behänge
Man kann eine ganze Menge Schaden anrichten, wenn man mit Gegenständen wie Q-Tips oder Wattepropfen versucht, das Ohreninnere zu reinigen. Viel wahrscheinlicher führt man dabei Fremdkörper oder Bakterien ins Ohr ein, die vorher noch nicht vorhanden waren. Man sollte nur **wenn notwendig** den sichtbaren Teil des Ohres mit feuchter Watte reinigen. Stellt man Ausfluß oder Geruch fest, erbittet man beim Tierarzt Rat.

Fang
Im Regelfall bedarf es für die Zähne des jungen Cockers keiner speziellen Behandlung. Bildet sich jedoch Zahnstein, sollte man den vom Tierarzt entfernen lassen, unbehandelt könnte es sonst zu Zahnfleischerkrankungen führen. Man kann die Zähne des Hundes unter Benutzung einer Hundezahnpasta regelmäßig säubern, dies ist aber nur dann praktisch möglich, wenn der Hund sich diese Behandlung gefallen läßt.

Ein zweites Problem tritt zuweilen auf,

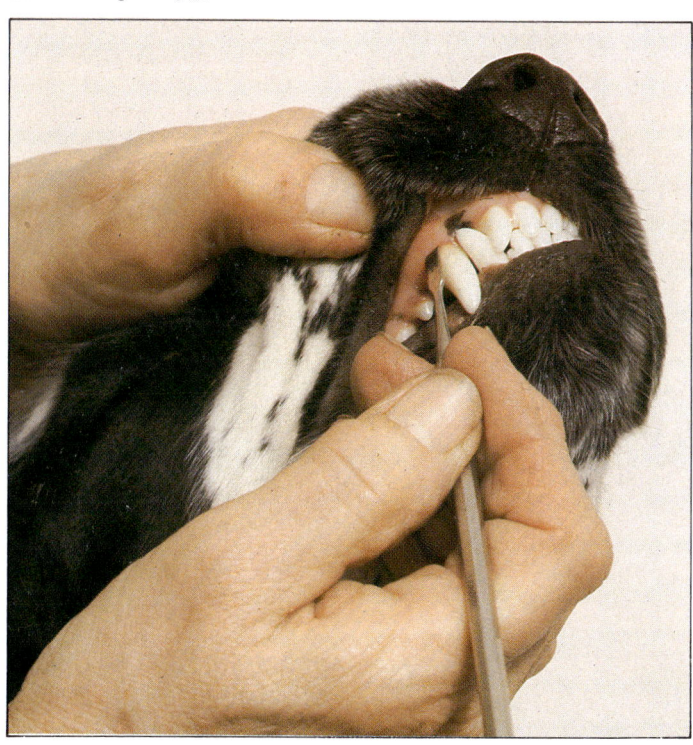

das sind die Zwischenabstände der Zähne im Unterkiefer. Bei einigen Cockern scheinen diese breiter zu sein als bei anderen, dadurch können sich Speisereste festsetzen. Ist dies der Fall, kann es zu Entzündungen und faulem Geruch führen.

Regelmäßige Reinigung mit einem milden Desinfektionsmittel oder antiseptischer Creme verhindern solche Entzündungen. Ist das Leiden jedoch schon fortgeschritten, ist möglicherweise tierärztliche Behandlung notwendig.

Pfoten

Normalerweise gibt es mit Cocker-Pfoten nicht viele Probleme. Es ist natürlich immer richtig, die Krallen ziemlich kurz zu halten. Nutzt sich der Nagel nicht durch die tägliche Bewegung ab, muß er geschnitten werden. Dies kann der Tierarzt am besten, denn man muß darauf achten, nicht ins „Leben" des Nagels zu schneiden, das man bei hellen Nägeln gut erkennen kann; sonst könnte es zu Blutungen und Schmerzen kommen. Es ist wichtig, die Pfoten so zu trimmen, daß nicht zu viel Staub und Schmutz ins Haus geschleppt wird. Man muß auch die Haare schneiden, die unter der Pfote zwischen

den Ballen wachsen. Werden diese nicht kurz gehalten, können sie verfilzen und sich zu harten Knoten verformen. Dies ist für den Hund recht unbequem, läßt sich auch schwierig lösen, wenn man nicht einen sehr geduldigen Hund hat.

PARASITEN

Junge Cocker Spaniels werden von nachfolgenden Parasiten heimgesucht, man sollte regelmäßig seinen Hund auf Anzeichen von Parasitenbefall überprüfen. Man beachte hierzu auch Kapitel zwei über Parasiten beim erwachsenen Cokker.

Spulwürmer

Die meisten Welpen sind von Spulwürmern befallen (**toxocara canis**); Welpen werden in der Regel mit Spulwurmlarven in ihren Körpern geboren, diese entwickeln sich bis zum Alter von zwei Wochen zu ausgewachsenen Spulwürmern. Ein erwachsener Spulwurm kann bis zu 13 cm lang werden, legt mikroskopisch kleine Eier, die auf dem Boden im Garten

Unten: Krallenschneiden mit der Rundzange. Bei hellen Nägeln erkennt man leicht das „Leben", bei schwarzen Krallen überläßt man die Arbeit am besten dem Tierarzt.

Unten rechts: Es ist wichtig, regelmäßig das Haar an der Unterseite der Pfote sorgsam abzuschneiden, sonst kann es zu Verfilzungen und Bildung harter Knoten führen.

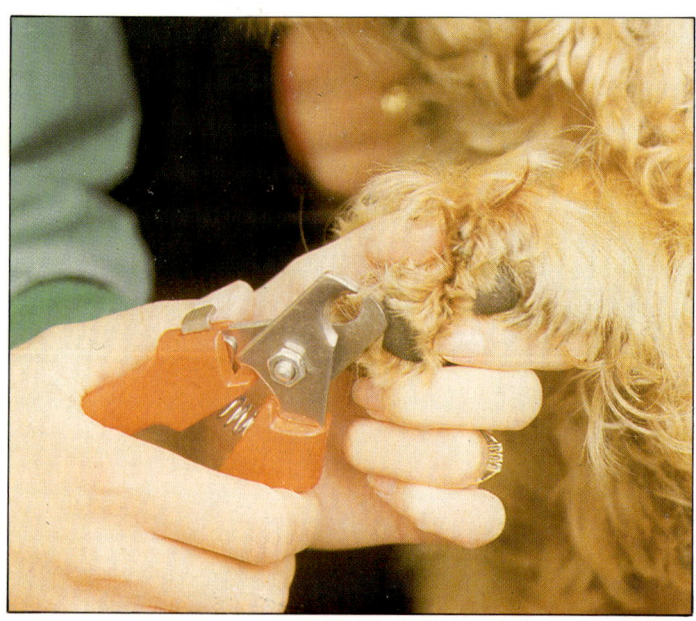

und Auslauf wie auch im Haus sehr lange lebensfähig bleiben. Spulwurmeier gedeihen unter warmen, feuchten Bedingungen, sind insbesondere für kleine Kinder eine gesundheitliche Gefahr.

Wie schon erwähnt, sollte man sich das genaue Datum, wann der Junghund zuletzt entwurmt wurde, vom Züchter bei der Abholung aufschreiben. Im Idealfall wird ein Welpe im Alter von 2 ½ Wochen entwurmt, danach in zweiwöchigen Intervallen. Die Wurmbehandlung sollte bis zum Alter von drei Monaten in zweiwöchigen Intervallen fortgesetzt werden, dann erneut eine Wurmkur im Alter von sechs Monaten. Am besten besucht man seinen Tierarzt und bespricht mit ihm das Entwurmungsprogramm und läßt sich in der Regel auch die Medikamente – gewöhnlich in Tablettenform – in Deutschland meist Banminthpaste – geben.

Ohrmilben

Diese Parasiten leben auf der Hautoberfläche im inneren Ohrkanal. Sie verursachen meist starken Juckreiz und rotbraune Verkrustungen. Die Infektion ist hochgradig ansteckend, tritt insbesondere häufig bei Jungtieren auf. Ein Mineralöl in Verbindung mit Insektiziden ist recht wirksam, die Behandlung muß aber über vier Wochen fortgesetzt werden. Hierbei muß man die Umgebung des Hundes genauso sorgfältig behandeln wie den Hund selbst.

Raubmilben (Cheyletiella)

Diese Parasiten können bei Hundebesitzer wie Haustier unangenehme Entzündungen auslösen. Die Milben leben auf dem Wirt, lassen sich dementsprechend leichter bekämpfen. Die Milben und ihre Eier kann man unter dem Vergrößerungsglas erkennen, das Auftreten feinen Schorfs (lebende Schorfbildung) ist ein Indiz für ihre Anwesenheit. Die meisten Insektizide sind wirksam, müssen aber in mit wöchentlichen Intervallen angewandt werden.

Sarkoptesräude (Scabies)

Diese Milbe verursacht eine hochgradige juckende, ansteckende Infektion, die zu jeder Jahreszeit auftreten kann. Die Milben bohren sich in die Hautoberfläche des Hundes, können jedoch auch bis zu sechs Tage auf dem Menschen leben. Die Infektion ist hochgradig ansteckend

Weil diese Milbe zumeist unterhalb der Hautoberfläche lebt, ist der Befall nicht leicht zu diagnostizieren, selbst wenn Hautabschabungen mikroskopisch untersucht werden. Meist erfolgt die tierärztliche Diagnose anhand des äußeren Erscheinungsbildes. Insektizide sind wirksam, es bedarf aber weiterer Medikamente, um den Juckreiz zu stillen, die Schuppenbildung zu unterbinden. Wiederum muß das ganze Umfeld des Tieres mit Insektiziden behandelt werden.

Kapitel zwei

DER ERWACHSENE COCKER SPANIEL

FÜTTERUNG UND PFLEGE

Fütterung

Ist der Cocker Spaniel ein Jahr alt geworden, so finden es die meisten Besitzer am angenehmsten, von nun an täglich nur noch einmal zu füttern, vielleicht mit einigen Hundekuchen als ergänzenden Zwischenmahlzeiten.

Hauptmahlzeit

Erforderlich sind zumindest 285–340 g Fleisch oder Fisch, ergänzt durch zwei Handvoll Mixer oder Flocken. Der Fütterungszeitpunkt muß sich in den Haushaltsablauf einfügen, im allgemeinen wird eine Fütterung am frühen Abend als beste Zeit angesehen.

Futtermengen

Hunde sind genau wie Menschen Einzelwesen, was den einen fett macht, läßt den anderen zu dünn sein. Die Futtermenge variiert entsprechend der täglichen Bewegung – ein auf dem Land oder als Jagdhund geführter Cocker braucht eine ganze Menge mehr „Treibstoff" als der auf der Etage in der Stadt wohnende Haushund. Deshalb ist es unmöglich, exakte Futtermengen zu empfehlen – Versuch und Irrtum sind der einzige Weg, der zum richtigen Ziel führt.

Generell gesehen sind Cocker eine futterliebende Hunderasse, man sollte sich deshalb von einem stark an Futter interessierten Hund nicht zum Narren halten lassen. Man bereitet seinem Hund einen Bärendienst, wenn man ihn zu fett werden läßt – im späteren Leben leidet er dann an Herzproblemen, hinzu kommt eine Zusatzbelastung der Gelenke im höheren Alter.

Bei Bedarf muß der Hund Zugang zu frischem Wasser haben.

Bewegung

Auch der tägliche Bewegungsbedarf eines erwachsenen Cockers ist flexibel, aber genügend Auslauf ist notwendig. Will man zum Beispiel täglich – unabhängig vom Wetter – große Spaziergänge machen, ist der Cocker sehr glücklich, stets mit von der Partie zu sein. Kann man sich jedoch täglich nicht mehr als eine halbe Stunde frei machen, dann reicht dies gleichfalls für die meisten Cocker aus.

Erweckt der Hund den Eindruck, daß er mehr Bewegung braucht als man ihm geben kann, ist es überraschend, wie ausdauernd ein Hund im eigenen Garten hinter einem Ball nachjagen kann.

Lebt man in einer Etagenwohnung, ist es absolut notwendig, täglich eine bestimmte Zeit zu reservieren, um mit dem Hund im Stadtpark oder geeignetem offenen Gelände spazierenzugehen. Hierzu aber eine Warnung! Es ist sehr gefährlich, Kindern die alleinige Verantwortung für einen Hund zu übertragen, ganz gleich wie gut erzogen Hund und Kinder sind. Der Hund braucht nur durch ein ungewöhnliches Geräusch zu erschrecken oder eine Katze entdecken. Ein plötzlicher Ruck an der Leine, oft hat ein Kind weder die Geschicklichkeit noch die Stärke, den Hund festzuhalten, er könnte

---

Rechts: Cocker lieben es, dem Ball nachzujagen – dabei sind einige geduldiger als andere! Auf diese Art kann man selbst in einem kleinen Garten Hunde tüchtig bewegen. Man muß aufpassen, der Ball muß immer groß genug sein, daß er nicht verschluckt wird.

sich losreißen. Die möglichen Konsequenzen reichen vom toten oder verletzten Hund bis zum schweren Unfall, bei dem auch Menschen verletzt werden könnten.

GESUNDHEITSFÜRSORGE

Augen
Sind die Augen entzündet oder sondern sie Eiter ab, muß man sie auf Fremdkörper wie Grassamen untersuchen, dann mit einem in kaltes Wasser getunkten Wattebausch reinigen.

Behänge
Die Ohren müssen immer rosa und sauber sein, dürfen keinen unangenehmen Geruch haben. Um das Ohrinnere zu reinigen, benützt man einen Wattebausch, den man in Mandel- oder Olivenöl eingetaucht hat, keinesfalls darf man jedoch tief in den Gehörgang eindringen. Sieht der Wattebausch nach dieser Behandlung sehr schmutzig aus, hat er einen unangenehmen Geruch, muß man den Tierarzt aufsuchen.

Analdrüsen
Die Analdrüsen liegen beidseits des Afters, sollten regelmäßig kontrolliert werden. Analdrüsen können verstopfen, oft mit Abszeßbildung. Sieht man irgendwelche Anzeichen, daß ein Spaniel auf dem Boden sitzend „Schlitten fährt" oder seiner Rute nachjagt, ist es immer angezeigt, die Analdrüsen zu überprüfen. In leichten Fällen läßt sich dies einfach, wenn auch etwas unangenehm beheben. Da diese Drüsen dicht am After liegen, lassen sie

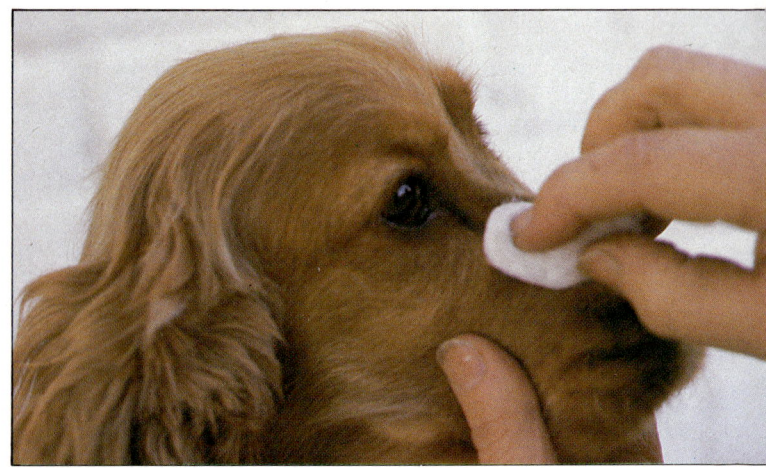

Oben: *Jeden Morgen werden die Augen kontrolliert. Man verwendet einen feuchten Wattebausch, um Ausfluß oder während des Schlafs angesammelte Flüssigkeit zu entfernen, gleichzeitig prüft man die Augen auf Verletzung oder Reizung.*

Mitte: *Der äußere Gehörgang wird regelmäßig überprüft, Verunreinigungen werden mit einem Wattebausch beseitigt. Man sollte nie über den auf diesem Foto sichtbaren Teil hinaus Richtung Gehörgang ins Ohr eindringen.*

Unten: *Werden die Zähne regelmäßig mit Hundezahnpasta gebürstet, verhindert man Zahnsteinbildung. Gewöhnt man den Hund bereits von klein an an diese Behandlung, sollte er keine Schwierigkeiten machen.*

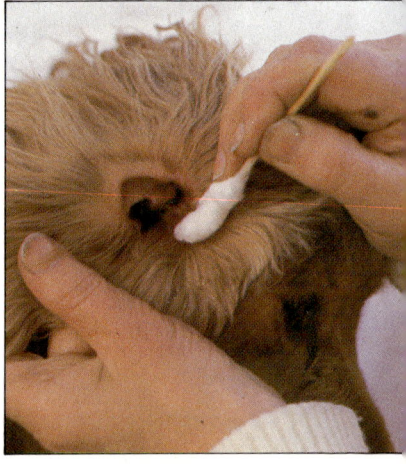

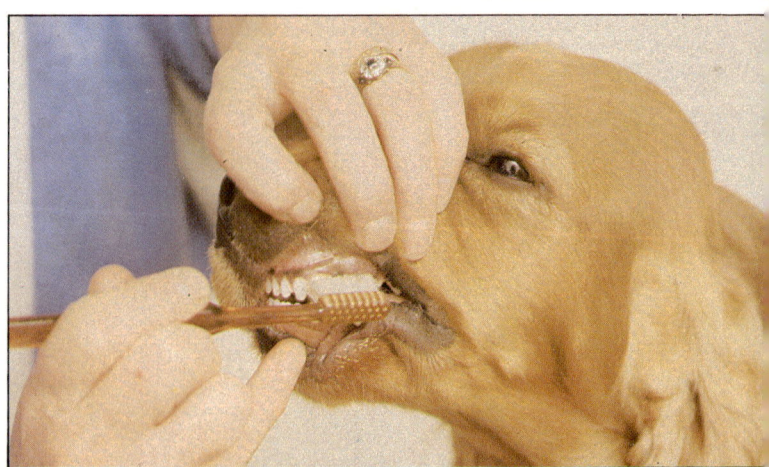

sich leicht dadurch entleeren, daß man sie mit Daumen und Zeigefinger beidseitig des Anus ausdrückt.

Es empfiehlt sich, den Tierarzt oder Züchter zu bitten, diese Methode zu demonstrieren, dadurch kann man künftige Probleme schon im Entstehen lösen.

Zähne

Durch zumindest einmal wöchentliches Zähneputzen mit Hundezahnpasta hält man die Zähne des Spaniels in guter Verfassung.

Dabei sollte man sorgfältig Zähne und Zahnfleisch kontrollieren. Jedes Anzeichen einer Verfärbung oder Rötung des Zahnfleisches sollte vom Fachmann kontrolliert werden. Werden die Welpenzähne nicht rechtzeitig abgestoßen, kann dies für das zweite Gebiß langfristige Probleme auslösen. Als allgemeiner Anhaltspunkt sei gesagt, daß alle Welpenzähne ausgefallen sein sollten, wenn alle zweiten Zähne durchgebrochen sind – das ist im Alter zwischen sechs und sieben Monaten. Sind zu dieser Zeit noch Welpenzähne im Kiefer, sollte man den Tierarzt aufsuchen, der sie unter Betäubung entfernt. Die Gesamtzahl der zweiten Zähne beträgt 42. Im Oberkiefer stehen sechs Schneidezähne, zwei Fangzähne, hinter den Fangzähnen auf jeder Seite vier Prämolaren und zwei Molare, insgesamt also 20. Beim Unterkiefer ist die Zahnverteilung identisch, hier gibt es aber anstatt zwei drei Molare auf jeder Seite, insgesamt also 22 Zähne.

Krallen

Zum Krallenschneiden benutzt man eine starke Nagelzange oder einen speziellen Guillotineschneider für Hundekrallen. Haben die Nägel eine helle Farbe, ist es gut möglich, den toten Teil des Nagels zu sehen und zu entfernen, ohne dabei in das Blutgefäß zu schneiden. Bei schwarzen Nägeln ist dies schwieriger, hier sollte man immer nur ein ganz kleines Stück schneiden. Kommt es dennoch zum Nagelbluten, bringt man das Bluten schnell mit einem blutstillenden Stift zum Stoppen. Nach dem Krallenschneiden sollte man die Ränder mit einer Hundenagelfeile glattfeilen.

PARASITEN

Erwachsene Cocker Spaniel werden von einer Reihe innerer und äußerer Parasiten befallen, die noch zu den bereits in Kapitel eins, Seiten 82 und 83 aufgeführten Quälgeistern hinzukommen.

Bandwürmer

Vermutet man Bandwurmbefall, sollte man ihn durch den Tierarzt behandeln lassen. Bandwürmer sind zwar – mit einer seltenen Ausnahme (vergleiche unten) – für die Familie kein Gesundheitsrisiko, Hausmittel sind aber nur selten wirksam. Der Bandwurm braucht für seine Entwicklung einen Zwischenwirt, meist ein Nagetier oder den Floh. Ein sicheres Anzeichen für Bandwurmbefall sind abgehende Bandwurmglieder im Kot oder am After des Hundes; sie ähneln Gurken oder Reiskörnern.

In Gegenden, wo Wassersucht auftritt, müssen Hunden regelmäßig Bandwurmmittel verabreicht werden. Dieser Hundebandwurm wird über Schafe oder Wild auf Hunde übertragen, seine Eier können Menschen infizieren.

Es gibt wenige Krankheitssymptome bei Bandwurmbefall von Hunden, erst bei starkem Befall kommt es zu Durchfall und Gewichtsverlust.

Herzwürmer

Diese Parasiten sind im Hundeherzen angesiedelt. Der Hund ist das einzige befallene Säugetier, der Wurm wird durch Moskitos übertragen. Er ist in Afrika, Asien und großen Teilen der USA, insbesondere an der Ostküste verbreitet. Während der Moskitozeit ist im gesamten Verbreitungsgebiet tägliche Vorsorge erforderlich. Eine tierärztliche Überwachung ist angezeigt, jährliche Blutuntersuchungen bestätigen das Freisein von dieser Infektion.

Flöhe

Diese sind recht verbreitet, in keiner Weise wählerisch, wo sie wohnen und wen sie beißen. Mit der allgemeinen Einführung von Zentralheizung und Teppichboden hat sich der Floh stark vermehrt. Flöhe müssen nicht auf dem Menschen- oder Hundekörper leben; nur wenn sie hungrig sind, brauchen sie einen warmblütigen Körper, um zu saugen. Da Flöhe klein und aktiv sind, übersieht man sie zuweilen. Bei der Fellpflege entdeckt man aber kleine, braune Pünktchen, den Kot der Parasiten.

Flohbekämpfung ist ein wichtiger Bestandteil der Hundepflege. Flöhe können Hauterkrankungen auslösen, wenn Hunde allergisch auf Flohbisse reagieren, sie können auch juckende, rote Stellen verursachen. Heute gibt es wirksame Insektizide, die mit gutem Erfolg die Vermehrung des Flohs unterbinden – ein bedeutender Fortschritt. Es ist absolut erforderlich, Hund und Umgebung gleichzeitig zu behandeln. Bei der Verwendung von Insektiziden achte man sorgfältig auf die Hinweise des Herstellers. Diese Produkte müssen Flöhe töten, nicht aber den Wirt.

Demodexräude

Dies ist eine seltsame Parasitenart, sie kann in großer Anzahl auf Hunden leben, ohne irgendwelche Krankheitssymptome auszulösen. Tritt aber eine Erkrankung auf, ist diese meist recht langwierig und schwer zu behandeln. Heute können die meisten Hunde geheilt werden, der Ausbruch der Krankheit deutet aber auf eine angeborene Immunschwäche hin. Befallene Hunde sollten deshalb nicht zur Zucht verwendet werden. Am besten berät man sich darüber mit seinem Tierarzt.

Läuse (prediculosis)

Läuse werden durch direkten Kontakt oder durch verunreinigte Bürsten oder Kämme übertragen. Besonders gerne siedeln sie sich in Haarverfilzungen rund um die Augen, Hals und an Körperöffnungen an, verursachen starken Juckreiz. Da diese Insekten nur drei Millimeter lang sind, kann man sie schwer sehen. Vermutet man Läusebefall, badet man seinen Hund mit einem Insektizidshampoo in wöchentlichen Intervallen, schert verfilztes Haar ab. Läuse leben und vermehren sich ausschließlich auf dem Hund, deshalb ist es nicht unbedingt notwendig, auch die Umgebung zu behandeln.

Zecken

Beim Spaziergang in Gras, Wald und am Sandstrand lesen Hunde Zecken auf. Diese Blutsauger graben ihre Saugwerkzeuge buchstäblich in die Hundehaut, lösen dadurch Juckreiz, oft auch sekundäre Hautinfektionen aus. Zur Entfernung betäubt man die Zecke mit Äther, Alkohol, Öl oder Zeckenspray. Dadurch lockern sich die Saugwerkzeuge, man kann das Insekt mit der Hand oder der Pinzette ablösen. Man kann Hunde regelmäßig mit Antizeckenmittel baden, das ist empfehlenswert, wenn sie mit Schafen zusammenkommen. Auch die Umgebung des Hundes sollte sorgfältig desinfiziert werden, da in einigen Ländern Zecken ernsthafte Erkrankungen übertragen, z. B. Anaplasmosis (afrikanische Rinderkrankheit) und Babesiosis (Texasfieber). Es kann auch zur Zeckenlähmung kommen.

Unten: Dieser zwölfjährige Cocker hat zwar ein paar weiße Haare, aber er ist fit und gesund – und hat noch in jüngster Zeit einen Wurf Welpen gezeugt!

VETERANEN

Anders als Menschen wissen Hunde nicht, daß sie alt sind, sie wissen nur, wie sie sich fühlen. Dem Hundebesitzer fällt es zumeist auf, wenn ihr früher so aktiver Hund es langsamer angehen läßt. Gerade in dieser Zeit braucht der Hund zusätzliche Fürsorge. Die tägliche Bewegung sollte angepaßt werden, so daß der Hund nie übermüdet wird. Das gilt insbesondere, wenn er Anzeichen von Arthritis aufweist, während oder nach dem Spaziergang zu hinken anfängt.

Man vergewissere sich, daß der Hund immer abgetrocknet wird, niemals mit nassem Fell herumsitzt.

Diät

Die Ernährung des Veteranen sollte man so abändern, daß die Verdauungsorgane weniger belastet werden. Wurde er zuvor täglich einmal gefüttert, wäre es eine vernünftige Idee, nach und nach auf zwei kleinere Mahlzeiten umzustellen. Hat man bisher rohes Fleisch gefüttert, erleichtert man durch leichtes Ankochen die Verdauung des Hundes. Bei einem älteren Hund ist es eine absolute Notwendigkeit, Übergewicht zu vermeiden, denn jede starke Herzbelastung verkürzt die Lebenszeit.

Gesundheitsprobleme

Sehr starkes Trinken ist in der Regel ein Anzeichen, daß die Nieren nicht so arbeiten wie sie sollten. Bei einer nicht ausgeräumten Hündin könnte es ein Anzeichen einer latenten Pyometra (Gebärmutterentzündung) sein. Eine solche Erkrankung erfordert sofortige tierärztliche Behandlung, entweder in Form von Antibiotika oder chirurgische Entfernung der Fortpflanzungsorgane.

Eine andere Erkrankung, die ältere Hunde entwickeln, ist Diabetes. In vielen Fällen läßt sich diese behandeln, erfordert aber tägliche Insulinspritzen. Der Tierarzt kann den Hundebesitzer lehren, wie er, falls er möchte, seinen Hund selbst spritzen kann.

Im Alter ist oft auch das Hörvermögen des Hundes beeinträchtigt. Der zuvor recht gehorsame Hund ignoriert mehr und mehr, wenn er gerufen wird, dabei sollte man ihm im Zweifel mildernde Umstände einräumen. Oft bellt der Hund auch mehr als gewöhnlich.

In ähnlicher Weise nimmt das Augenlicht häufig durch Ausbildung eines Altersstars (bei allen Tieren ein normaler Alterungsprozeß) ab, auch hierauf muß man Rücksicht nehmen. Wirkt das Verhalten des zuvor einfühlsamen Haushundes verändert, kann dies darauf zurückzuführen sein, daß die Blutzufuhr zum Gehirn schlechter geworden ist.

Die tierärztliche Wissenschaft hat große Fortschritte gemacht, es gibt eine Reihe von Medikamenten, die bei diesen Erkrankungen helfen. Man sollte sich jeweils mit seinem Tierarzt beraten.

Das abschließende Lebewohl

Ich schreibe dieses Kapitel mit schwerem Herzen, gerade heute mußte ich eine geliebte alte Hündin einschläfern lassen. Die Entscheidung zu einem solchen Schritt wird einem nie leicht fallen. Nach vielen Jahren Gemeinschaft mit Hunden weiß ich von dem so schrecklich bedrückenden Gefühl, wenn die Zeit näher rückt. Man muß der Tatsache ins Auge sehen, daß man von einem Freund und Lebensgefährten über viele Jahre Abschied nehmen muß.

Die einzige Liebe, die wir unseren Haustieren, nicht unseren Mitmenschen, erweisen können, ist, sie nicht unnötig leiden zu lasen, wenn die Krankheit einmal stärker als die ärztliche Hilfe geworden ist. Der Tierarzt weiß, wann die Zeit gekommen ist, er wird seine Aufgabe mit Geschick und Einfühlungsvermögen lösen. Es gibt für den Hund kein Leiden, wenn sein Besitzer ihn im Arm hält – und das ist das Allerletzte, was wir ihm zuliebe tun können. Wenn möglich sollte man auf diesem letzten Schritt einen Freund mitnehmen, noch besser, den Tierarzt zu sich nach Hause kommen lassen. Mit einer Überdosis an Narkotikum schläft der Hund schmerzlos ein.

Die Entscheidung, einen Familienhund wieder zu ersetzen, fällt nie leicht, das ist auch eine sehr individuelle Entscheidung. Viele Menschen finden es sehr schwer, ohne Hund leben zu müssen, suchen sehr bald einen neuen Freund, andere wieder finden es über eine Reihe von Wochen oder gar Monaten unmöglich, einen alten und geliebten Freund zu ersetzen. Dies ist die Entscheidung jedes Einzelnen, wie immer sie auch ausfällt, sollte man nie darin eine Illoyalität gegenüber dem alten Hund sehen. Die größte Anerkennung, die man gerade seinem verstorbenen Hund geben kann, ist einen neuen guten Hund an seine Stelle zu setzen. Vielleicht hilft eine andere Farbe, weniger Vergleiche zu ziehen, man sollte sich aber durchaus nicht scheuen, einen Hund der gleichen Farbe zu nehmen – Hunde sind ausgesprochene Individualisten, von allergrößter Wichtigkeit ist ihr Charakter, nicht die Farbe.

Kapitel drei

TIER-ÄRZTLICHE RATSCHLÄGE

Dieses Kapitel ist in der Hoffnung geschrieben, daß der Hundebesitzer lernt, zwischen Krankheiten zu unterscheiden, mit denen man alleine zu Hause fertig werden kann und Krankheiten, die von niemanden anders als vom Tierarzt behandelt werden müssen.

NOTFÄLLE

Heute gibt es hochwirksame Schutzimpfungen gegen die hauptsächlichen Hundekrankheiten wie Staupe, Hartballenerkrankung, Hepatitis, Leptospirose und die hochinfektiöse Parvovirose. Es ist ganz ungewöhnlich, daß ein richtig und regelmäßig geimpftes Tier an diesen Leiden erkrankt. Dennoch gibt es ein paar Hunde, die aus dem einen oder anderen Grund keine volle Immunität entwickeln. Deshalb sollte man die Krankheitssymptome kennen, nur für den Fall, daß der eigene Hund zu der unglücklichen Gruppe gehörte, die solche Vollimmunität nicht entwickelt.

Der Hundebesitzer, der das Normalverhalten seines Hundes kennt, bemerkt schnell jegliche Abweichung wie Unwohlsein, Durchfall, Lustlosigkeit, Appetitverlust, Husten und Schnupfen. Jedes dieser Symptome kann ernsthaft sein, insbesondere bei Hunden unter einem Jahr sollte man sie dem Tierarzt mitteilen. Manchmal ist Zeit kostbar. Aufschub kann gefährlich werden. Die meisten Tierärzte haben nichts dagegen, wenn man sie telefonisch um Rat bittet, halten sie es für notwendig, werden sie sich den Hund selbst ansehen.

Unfälle

Ein Unfall, an dem ein Tier beteiligt ist, ist in aller Regel für das Tier weniger aufregend als für seinen Besitzer. Der Hundebesitzer sollte nie in Panik geraten, je ruhiger er dem Hund gegenüber auftritt, umso leichter nimmt es der Hund. Bei einem Verkehrsunfall, bei dem der Hund von einem Auto oder Motorrad überfahren wurde, ist so wenig Bewegung als möglich das Beste, das gilt bis Hilfe in Form der Polizei oder eines Tierarztes an Ort und Stelle ist. Vor allem behandelt man blutende Wunden, am besten legt man eine mit kaltem Wasser getränkte Kompresse auf, und versieht die blutende Stelle dann mit Druckverband aus einem Tuch oder einer Bandage. Kümmert man sich nicht um stark blutende Wunden, kann ein Hund verbluten. Gibt es keine äußeren Anzeichen von Blutungen oder gebrochenen Gliedern, dann kann es das Beste sein, den Hund direkt zum Tierarzt zu bringen, wo er so schnell wie möglich behandelt werden muß.

Bißwunden

Wird ein Hund in eine Beißerei verwickelt oder von einem anderen Hund angegriffen, sollte man als erstes den Besitzer des attackierenden Hundes finden, so daß man gemeinsam die kämpfenden Hunde trennen kann. Lederhandschuhe sind ein guter Schutz, leicht könnte man vom einen oder anderen gebissen werden. Hat man die Hunde getrennt, hält man sie am besten auseinander, leint beide an, um weitere Auseinandersetzungen zu verhindern. Bisse sind in aller Regel infiziert, deshalb sollte man sie mit Antibiotika behandeln.

Vergiftungen

Vermutet man, daß der Hund irgendein Gift gefressen hat, dann ist die sofortige Behandlung Sache des Tierarztes. Wenn möglich sollte man ihm sagen, was man glaubt, daß der Hund gefressen hat. Schneckengift (Metaldehyd) und Rattengift (Warfarin) sind die verbreitetsten Gifte. Ein sicheres Erste Hilfe Mittel ist ein kleines Stück Waschsoda, etwa nußgroß, sofort dem Hund eingegeben. Es löst schnelles Erbrechen aus, entfernt dadurch die giftigen Substanzen. Dies ist für jeden Hundebesitzer ein gutes und schnelles Hausmittel.

Verbrennungen und Verbrühungen

Es hängt immer von der Schwere der Verbrennung ab, ob man sofort den Tierarzt herbeiholen muß oder nicht. Ich persönlich bin immer lieber auf der sicheren als auf der traurigen Seite – es ist außerordentlich schwierig festzustellen, welchen Schaden eine Verbrennung angerichtet hat. Handelt es sich eindeutig um eine Verbrennung, sollte in Form von kaltem Wasser sofort eine Erste Hilfe Behandlung einsetzen. Kaltes Wasser wird mit dem Handtuch aufgebracht, bei schwer verbrühten Hunden empfiehlt sich bis Hilfe eintrifft ein Kaltwasserbad.

Stiche und Bisse

Wespen, Bienen und Moskitos können alle Hunde stechen, ja, viele Hunde scheinen von diesen Insekten fasziniert zu sein, schnappen nach ihnen. Dies kann leicht zu einem Stich in oder auf den Fang führen. Ist der Stachel sichtbar, entfernt man ihn mit einer Pinzette, bringt eine

Salzlösung oder ein mildes Antiseptikum auf die Wunde. Ist die Schwellung stark und innerhalb des Fangs, ist es sicherer, den Hund zum Tierarzt zu bringen. Der Tierarzt kann ein Gewebe verengendes Mittel spritzen, damit der Stich abschwillt, keine Atemprobleme auslöst.

Der gefährlichste Biß ist der einer Kreuzotter, die in einigen Gebieten auftritt; er löst an Pfote oder Kehle eine starke Schwellung aus. Diese Bisse sind selten tödlich. Kreuzottern sind scheue Schlangen, ziehen sich im Normalfall zurück, wenn sich ihnen ein Mensch oder Tier nähert. Sie lieben aber das Baden in der Sonne. Tritt man zufällig auf sie, beißen sie mit Sicherheit zu.

Die prompte Behandlung von Schlangenbissen ist sehr wichtig, einige Bisse je nach Schlangenart können tödlich sein, ihre Behandlung ist Sache des Tierarztes. Vor Ankunft des Tierarztes darf der Hund nicht gehen. Am besten ist es, auf dem schnellsten Weg im Auto den Hund zum Tierarzt bringen, um die Ausbreitung des Giftes im Blutkreislauf möglichst klein zu halten.

Auch Ameisen können häßlich beißen, wenn man sie stört – für die Behandlung empfiehlt sich das gleiche Rezept wie bei Wespenstichen.

Fremdkörper

Sollte ein Welpe oder älterer Hund sich sehr ungewöhnlich mit seinem Fang benehmen, ihn etwa ständig am Boden reiben oder mit den Läufen kratzen, ist es möglich, daß der Hund irgendetwas zwischen oder quer zu den Zähnen verkantet hat, meist im hinteren Teil. Das kommt

Unten: *Regelmäßige Gesundheitskontrollen sind ratsam, am besten verbindet man sie mit der jährlichen Wiederholungsimpfung der Hunde beim Tierarzt.*

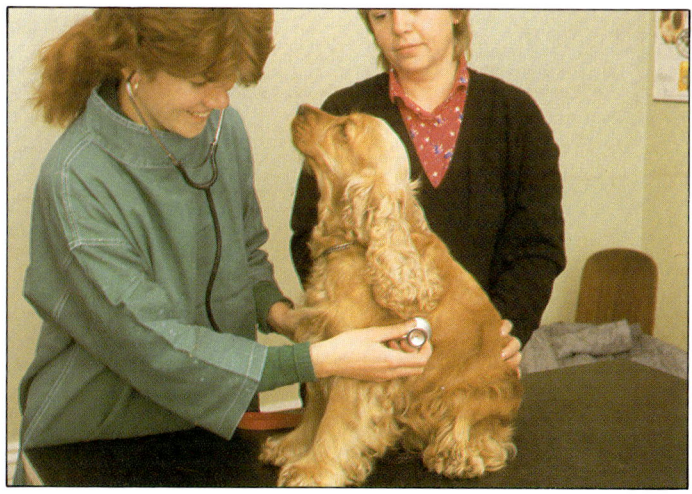

oft vom Kauen an einem Stück Holz oder an einem dünnen Stock (oder Kalbsknochen) vor. Das Stöckewerfen kann gefährlich werden, weil die scharfen Enden hinten in der Kehle Verletzungen verursachen können. Die beste Art, einen verklemmten Stock oder Knochen zu entfernen, ist vorsichtiges Drücken in Richtung Rachenhöhle, hier wird der Abstand zwischen den Zähnen breiter. Auf diese Art bekommt man den Gegenstand leicht heraus, aber man sollte ihn unbedingt festhalten, damit der Hund ihn nicht herunterschluckt. Die meisten versuchen, nach vorne zu ziehen, das macht die Angelegenheit aber nur schlimmer, der Gegenstand klemmt noch mehr fest.

Hat man Grund zu der Annahme, der Hund habe einen kleinen Ball oder Stein verschluckt, bedarf es schnellen Handelns. Hierdurch könnte die Luftröhre blockiert werden, tut man nicht **sofort** etwas dagegen, kann das Tier ersticken. Versuche den Gegenstand zu entdecken, soweit er noch sichtbar ist, kann man ihn meist mit den Fingern befreien. Ist der Gegenstand nicht sichtbar, drückt man mehrfach kräftig gegen die Rippen, versucht damit, die Luft aus der Lunge zu pressen, in der Hoffnung, dadurch den Gegenstand zurück in den Fang des Hundes zu bringen. Hat man dabei Erfolg, sollte man den Hund **sofort** tierärztlich kontrollieren lassen, um sich zu vergewissern, daß kein Schaden entstanden ist.

Eine andere gefährliche Situation entsteht dann, wenn der Hund eine Substanz oder einen Gegenstand gefressen hat, der an einer Stelle das Verdauungssystem blockiert. Die Symptome zeigen sich meist schnell, nachdem der Hund den Gegenstand verschluckt hat, zuweilen gibt es aber auch über Tage oder Wochen keine Anzeichen dafür. Bestehen Zweifel, sucht man tierärztlichen Rat und teilt alle Beobachtungen und Vermutungen mit, weshalb der Hund nicht in Ordnung ist. Knochen passieren manchmal problemlos den Verdauungstrakt und lösen dann nahe dem After eine Blockade aus, nur ein Tierarzt kann hier helfen. Die am meisten verschluckten Gegenstände sind kleine Bälle, Gummigegenstände, runde Steine oder Pfirsichkerne.

Metallgegenstände wie große Nägel, aber auch stark splitternde Geflügelknochen sind außerordentlich gefährlich. Empfohlen wird eine reichliche Gabe rohes Sauerkraut, das manchmal diese gefährlichen Gegenstände so einwickelt, daß sie das Verdauungssystem passieren, ohne Verletzungen auszulösen. Nicht sel-

Oben: *Alle diese Spielsachen sind gefährlich, der Hund kann sie leicht annagen oder hinunterschlucken, was zu inneren Störungen und zum Ersticken führen kann.*

Rechts: *Wird ein Junghund oder ein nervöser Hund mit Injektionen behandelt, sollte man ihm, abweichend zu diesem Bild, den Kopf mit beiden Händen festhalten, um ihn unter Kontrolle zu haben und ihm Sicherheit zu geben.*

ten aber führen Gegenstände zur zwingenden tierärztlichen Fremdkörperoperation.

Eklampsie
Dies ist möglicherweise die zweitgefährlichste Notsituation, kann innerhalb von 1–2 Stunden zum Tode führen. Eklampsie tritt vor allem bei Zuchthündinnen mit einem großen Wurf auf, etwa in einem Welpenalter von 3–4 Wochen, ist durch zu starke Inanspruchnahme der Kalziumreserven der Hündin bedingt. Die Krankheit kann zu jeder Zeit auftreten, von kurz vor dem Wurf bis zum Welpenalter von 7–8 Wochen.

Die Behandlung mit intravenöser Kalziuminjektion durch den Tierarzt, hat in aller Regel einen geradezu erstaunlichen Effekt. Man darf aber nie zögern, den Tierarzt so schnell als irgend möglich ins Haus zu holen, denn ab Beginn der Symptome kann der Tod zu jeder Zeit eintreten. Diese Symptome sind glasiger Augenausdruck, ein sich Sträuben gegen das Gehen, starkes Keuchen, Zittern und Zuckungen. Versucht die Hündin zu gehen, vermag sie nur sich in stelzendem Gang zu bewegen; Brechreiz kann auftreten. Beobachtet man diese Symptome, muß man **sofort** den Tierarzt rufen.

Vorbeugend wirkt in vielen Fällen reichliche Kalzugabe schon vor der Geburt. Am besten läßt man sich vom Tierarzt ein geeignetes Mittel verschreiben

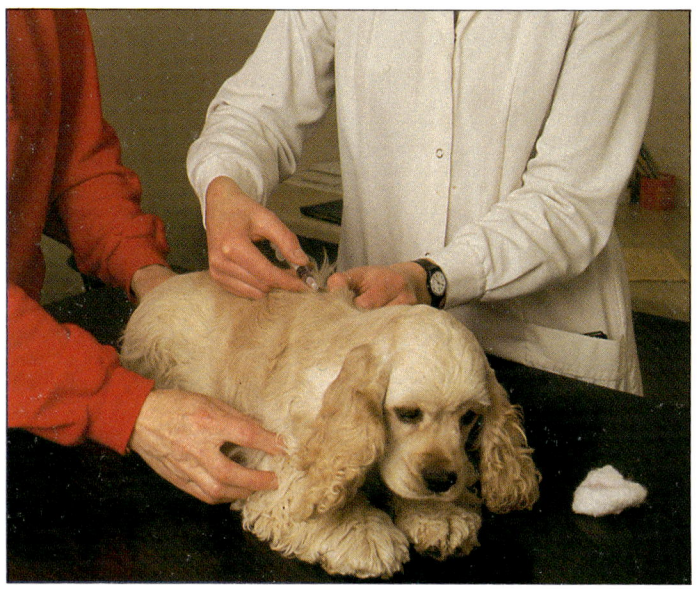

oder empfehlen, verwendet dies über die gesamte Säugezeit nach Anweisung.

EINIGE SPEZIELLE GESUNDHEITSPROBLEME UND KRANKHEITEN

Blasenentzündung (Cystitis)
Diese tritt ziemlich häufig auf und ist zweifelsohne eine schmerzhafte Erkrankung. Symptome sind häufiges Wasserlassen, der Urin ist in der Regel mit Blut durchsetzt. Diese Krankheit darf man nicht mit dem Beginn der Hitze der Hündin verwechseln, zu der sie ja ebenfalls häufig uriniert. Cystitis verlangt tierärztliche Behandlung.

Blasensteine
Diese können zu plötzlichem Harnverhalten besonders bei Rüden führen; Urinverhalten erfordert sofortige tierärztliche Kontrolle. Symptome sind ständiges Heben des Beines und Versuch zu urinieren, der Urin enthält zumeist Blut.

Ekzeme
Der Zustand der Haut ist oft Ergebnis verschiedenartiger Reize, zum Beispiel Parasitenbefall, Analdrüsen, die Behandlung brauchen oder andere Ursachen, die den Hund veranlassen zu kratzen oder sich ins Fell zu beißen. Symptome für Ekzeme sind Auftreten eines harten, ziemlich schleimignassen Flecken, der schmerzt und sehr juckt, den Hund veranlaßt, durch Kratzen und Beißen das Übel noch zu verschlimmern. So etwas darf man nie ignorieren und hoffen, es ginge von alleine weg – das tut es nicht! Der Hund muß zum Tierarzt, dieser hat die effektivsten und schnell wirksamsten Medikamente, diese Erkrankung zu behandeln. Vorsorge ist besser als Heilung – ein von Ungeziefer freier und gut gepflegter Hund erkrankt wesentlich weniger an Ekzemen.

Grassamen
Im Sommer und im Herbst sind diese Samen gerade bei langohrigen Hunderassen besonders lästig. Entdeckt man sie nicht rechtzeitig, wandern sie vom Haar zum Ohr und von da an hinunter in den Gehörgang, wo sie große Reizungen und Schmerzen auslösen. Sind sie erst einmal nicht mehr zu sehen, kann man sie selbst nicht mehr entfernen, die tierärztliche Behandlung erfordert in den meisten Fällen eine Narkose. Geht man mit seinem Hund durch die Felder und über Wiesen, ist es ratsam, die Ohren während und nach dem Spaziergang zu kontrollieren, zu prüfen, ob irgendwelche Samen am Haar hängen, um sie dann sofort zu entfernen.

Beginnt der Hund erst einmal den Kopf zu schütteln, oder ihn nach einer Seite hängen zu lassen, ist es sehr wahrscheinlich, daß der Grassamen schon in den Ge-

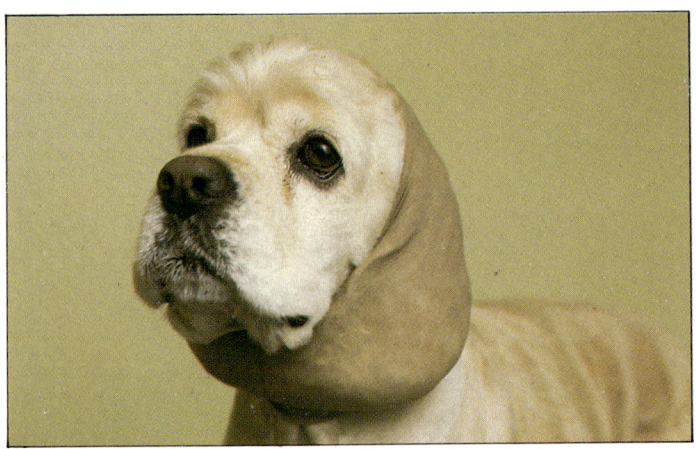

Oben: *Das Bein einer Nylonstrumpfhose dient zweierlei Zwecken: Es schützt die Ohren vor Grassamen und hält sie zur Fütterungszeit auch sauber.*

hörgang eingedrungen ist. **Sofortige** Behandlung ist wichtig, je länger der Samen im Ohr bleibt, desto mehr Schaden richtet er an, umso stärker die Schmerzen. Grassamen durchdringen auch im allgemeinen die feine Haut zwischen den Zehen, deshalb muß man die Pfoten ebenfalls laufend kontrollieren. Zwischenzehenzysten sehen ähnlich aus (vergleiche unten), lassen sich schwer von Grassamen unterscheiden. Die beste Methode zur Verhinderung ist das Wegtrimmen von langem Haar an Ohren und zwischen den Ballen und Zehen.

Zwischenzehenzysten
Diese treten beim Cocker nicht sehr verbreitet auf, verdienen aber der Erwähnung. Ihre Ursache ist umstritten, einige Hunde scheinen mehr darunter zu leiden als andere. Das erste Anzeichen ist in der Regel, daß der Hund sich viel um die Vorderläufe, insbesondere zwischen den Zehen kümmert, ungewöhnlich viel daran leckt. Dies führt wiederum in der Regel zum Auftreten einer Blase, die anschwillt und später platzt, Blut und Eiter enthält, ein kleines Loch hinterläßt, das schnell verschwindet. Der Zeitraum, in dem sich dies abwickelt, ist verschieden, dauert aber in der Regel 1–2 Tage. Diese Zysten können für den Hund recht schmerzhaft sein, Lahmen auslösen, er möchte sich auch an der Pfote nicht anfassen lassen. Man muß diese Symptome dem Tierarzt genau schildern, nur so kann er die richtige Behandlung einleiten. Ich habe allerdings herausgefunden, daß bei vielen Gelegenheiten, wenn ich diese Erscheinungen beobachte, das Problem sich von selbst wieder löste. Man sollte zu dieser Zeit den Hund nicht zwingen, über längere Strecken spazierenzugehen. Zur Behandlung hat sich 1 %ige Rivanollösung – rein als Desinfektionsmittel – bewährt.

Zwingerhusten
Diese Krankheit wird gewöhnlich auf Hundeausstellungen und in Tierheimen übertragen. In jüngerer Zeit wurde ein Impfstoff entwickelt, einige Tierpensionen bestehen heute darauf, daß Hunde vor der Aufnahme hiergegen geimpft werden. Bei einem gesunden Hund entwickelt sich Zwingerhusten selten zu einer schwierigen Erkrankung – er ähnelt einer leichten Grippe, begleitet von laufendem Husten. Selten verschlägt die Krankheit den Appetit, man sollte aber auch die Bewegung stark reduzieren, bis der Husten aufhört, das dauert in der Regel 3–4 Wochen. Um bakterielle Komplikationen zu unterbinden, erfolgt eine Behandlung mit Antibiotika. Bei Junghunden und alten Hunden kann die Krankheit schwerer auftreten. Hört man in der Nachbarschaft über irgendwelche Erkrankungen, sollte man sorgfältig jeglichen Kontakt meiden, diese Krankheit ist sehr ansteckend.

Lefzenekzem
Dies ist eine besonders bei Cockern auftretende, schwer zu behandelnde, übelriechende Entzündung, die die Lippenhautfalten auf einer oder beiden Seiten befällt. Manchmal kann die Erkrankung örtlich behandelt werden, zuweilen ist ein chirurgischer Eingriff notwendig.

Kapitel vier

ZUCHT DES COCKER SPANIEL

Ehe man mit der Zucht beginnt, muß man sich der vollen Verantwortung für die Welpen bewußt sein, auch der harten Arbeit und großen Ausgaben, die mit der fachgerechten Aufzucht eines Wurfes bis zum Alter von acht Wochen verbunden sind. Ist man bereit, diese Konsequenzen auf sich zu nehmen, kann man mit der Aufstellung eines vernünftigen Zuchtprogramms beginnen.

Es bedarf der Planung, zunächst müssen eine Reihe von Fragen bedacht werden. Zucht ist nicht nur einfach das Zuführen der eigenen Hündin zu einem Hund gleicher Rasse, der in der Nachbarschaft wohnt. Man muß vielmehr so planen, daß man gesunde Qualitätswelpen mit vorzüglichem Wesen bekommt, dabei sorgfältig darauf achten, Erbkrankheiten zu meiden. Insbesondere die Besitzer von American Cocker Spaniel – zweckmäßigerweise aber alle Spaniel-Züchter – sollten die Augen ihrer Hunde vor der Paarung vom Fachmann untersuchen lassen.

Auswahl des Zuchtrüden

Die Grundvoraussetzung ist, der ausgewählte Rüde muß gesund sein, anatomisch gut aufgebaut, ein typischer Repräsentant seiner Rasse. Sein Wesen ist das Allerwichtigste; man meide alle nervösen oder aggressiven Hunde. Rassehundezuchtclubs verfügen über hilfreiche Informationen, beraten den Neuling in der richtigen Zuchtwahl.

Priorität sollte man der Meidung von Erbkrankheiten einräumen. Alle verantwortungsbewußten Besitzer von Zuchtrüden des Amerikanischen Cocker Spaniels verfügen über tierärztliche Bestätigungen, daß ihre Hunde frei von Augenerkrankungen sind. Der Züchter sollte diese

einsehen, ehe er sich für einen Rüden entscheidet. Wichtig sind auch Erkundigungen über die Elterntiere, man sollte die Hinweise über Erbkrankheiten in diesem Buch befolgen. Züchter des Englischen Cocker Spaniels sollten in der Ahnenreihe von Zuchtrüden auf das Vorkommen von erblichen Nierenerkrankungen achten, sich auch Rat suchen, ob solche in der Blutführung ihrer Hündin liegen. Auch hier helfen Zuchtvereine und verantwortungsbewußte Züchter nur zu gerne dem Anfänger.

Die Auswahl des Zuchtrüden hängt natürlich auch davon ab, warum ein Hündinnen-Besitzer züchtet. Möchte man nur einen Wurf mit typischen Welpen, fällt die Entscheidung leichter. Hier kann man sich von Vorliebe für bestimmte Farben oder für einen bestimmten Hund aus bestimmten Zwingern leiten lassen. Möchte man jedoch Hunde mit Ausstellungsqualifikation züchten, das eigene Zuchtmaterial verbessern, gibt es umfangreiche, wissenschaftlich untermauerte Zuchtregeln, die man beachten sollte. Grundsätzlich gibt es drei Zuchtarten.

Inzestzucht

Hierunter versteht man die Paarung eng miteinander verwandter Hunde, etwa Vater mit Tochter, Bruder mit Schwester. Inzestzucht kann wunderschönes Zuchtmaterial hervorbringen, erwünschte Eigenschaften in einer Linie festigen. Inzestzucht „doppelt" aber nicht nur erwünschte Eigenschaften, sondern auch unerwünschte, die rezessiv verborgen sein können. Für einen Anfänger ist Inzestzucht nicht empfehlenswert.

Linienzucht

Unter Linienzucht versteht man eine Abwandlung der Inzestzucht, hier werden auch untereinander verwandte Tiere gepaart, aber die gemeinsamen Vorfahren liegen zwei oder drei Generationen in der Ahnenreihe zurück. Grundsätzlich gibt es die gleichen Vorteile und Rückschläge wie bei der Inzestzucht, diese sind aber weniger hart ausgeprägt. Linienzucht hält im allgemeinen die Nachzucht näher am bereits aufgebauten Typ. Wichtig ist es, daß der gemeinsame Vorfahre ein herausragendes Tier ist, frei von unerwünschten Fehlern, denn in der Linienzucht konzentriert man seine Eigenschaften in der eigenen Linie. Die erfolgreichsten Zwinger gründen meist ihr Zuchtprogramm auf Linienzucht. Sagt man von einem bestimmten Zwinger „alle seine Hunde sähen gleich aus!" ist es sehr wahrscheinlich, daß dieses Zuchtmaterial stark liniengezüchtet ist. Linienzucht ist der erfolgversprechendste Weg, um Einheitlichkeit und Typ aufzubauen. Bei intensiver Linienzucht erscheint in vier oder fünf Generationen der gemeinsame Ahne häufig fünf oder sechs mal. Liniengezüchtete Welpen erben mit größerer Wahrscheinlichkeit die Merkmale ihrer Vorfahren.

Auskreuzung

Unter Auskreuzung versteht man die Paarung von nicht verwandten Hunden. Diese Zuchtmethode wird dann gewählt, wenn man seine Linie in einem ganz bestimmten Punkt verbessern will. Man wählt beispielsweise für eine Hündin mit schwachem Kopf einen Rüden mit einem ganz hervorragenden Kopf, der eine Ahnenreihe hinter sich hat, die gerade in dieser Hinsicht besticht. Es muß betont werden, daß die Nachzucht aus Auskreuzungen im Typ oft weniger gleichmäßig ausfällt als bei Linienzucht. Wichtig ist auch, mit der Auskreuzung möglichst keine unerwünschten Eigenschaften in die eigene Blutlinie zu holen. Nie darf man einen Rüden wählen, der den gleichen Fehler wie die Hündin hat.

Paarungsvorbereitungen

Hat man sich für einen Rüden entschieden, ist es angezeigt, einige Zeit ehe die Hündin heiß wird, sich mit dem Rüden-Besitzer in Verbindung zu setzen, abzuklären, ob der Rüde für die Hündin zur Verfügung steht. Einige Rüden stehen nur im eigenen Zwinger zum Decken frei, andere nur für ausgewählte Hündinnen. In aller Regel wird der Rüden-Besitzer sich die Ahnentafel der Hündin vorlegen lassen, verantwortliche Zuchtrüden-Besitzer prüfen sorgfältig, ehe sie ihre Rüden freigeben. Die aus der Paarung entstehenden

Nachkommen können den Ruf des Rüden stärken und schwächen, naturgemäß möchte der Rüden-Besitzer Risiken meiden. Bei dieser Gelegenheit sollte auch die Decktaxe abgeklärt werden, die meisten Rüden-Besitzer gestatten eine kostenlose Wiederholungspaarung, falls die Hündin nicht aufnimmt. Aber es ist immer vernünftig, die Einzelheiten abzuklären, nach Möglichkeit schriftlich niederzulegen.

Zu Beginn der Hitze sollte man den Paarungstermin absprechen. Der richtige Decktag variiert von Hündin zu Hündin. Es ist sehr wichtig, den ersten Tag der Blutung genau zu erkennen. Allgemein geht man davon aus, daß zwischen dem 11. und 13. Hitzetag die Hündin dem Rüden steht, aber einige Hündinnen sind auch vor und nach diesen Tagen paarungsbereit. Die verläßlichsten Anzeichen für den richtigen Tag sind, wenn der Ausfluß stark nachläßt und hellrot wird, die Hündin bei der Begegnung mit anderen Hunden paarungsbereit die Rute zur Seite legt.

Um sicherzustellen, daß die Hündin zum Paarungstermin in erstklassiger Kondition ist, sollte man sie zu Beginn der Hitze entwurmen, darauf achten, daß sie nicht zu fett ist. Eine fette Hündin ist nicht weniger paarungsbereit, aber die Empfängnischancen liegen deutlich niedriger.

Paarung

Nähert sich die Hündin dem Zeitpunkt der Hochhitze, wandern von den Eierstöcken Eier in Richtung Gebärmutter, auf dieser Wanderung müssen sie durch das Rüdensperma befruchtet werden, wenn es zur Trächtigkeit kommen soll. Von der Eireifung bis zur Befruchtung kann ein Zeitraum von etwa 12–36 Stunden verstreichen, solange ist eine Befruchtung möglich. Wegen dieses längeren Ovulationsprozesses ist es möglich, zwei Paarungen für eine Hündin zu vereinbaren, an aufeinanderfolgenden Tagen oder mit einem Tag Abstand; dadurch vergrößern sich die Befruchtungschancen.

Obwohl eine einzelne Paarung zur Befruchtung vollkommen ausreicht, bin ich persönlich der Auffassung, nach Möglichkeit eine Hündin zweimal decken zu lassen, das gilt insbesondere, wenn man mit der Hündin weite Reisen hinter sich hat. Eine Paarung verläuft nicht immer so einfach wie es klingt, wer immer die Behauptung aufgestellt hat, ein Rüde verdiene sein Geld leicht, hat offensichtlich wenig eigene Erfahrungen. Zuchtrüden und ihre Besitzer haben ihre Besonderheiten; einige Rüden wollen eine Hündin mög-

Oben: *Eine stolze Mutter mit ihrem Sohn, dem Ergebnis sorgfältiger Zuchtplanung. Entscheidend ist, daß nur mit Zuchtmaterial hoher Qualität, Gesundheit und gutem Wesen gezüchtet wird. Dies ist Grundlage jedes Zuchtprogramms.*

lichst ohne menschliche Hilfe decken, andere tun überhaupt nichts, solange man die Hündin festhält. Viele Rüdenbesitzer lassen keine Hündin decken, wenn sie nicht sicher gehalten wird; nervöse Hündinnen und überängstliche Hündinnen-Besitzer komplizieren die Angelegenheit noch mehr. Man sollte vorbereitet sein, dem Rüdenbesitzer auf Wunsch bei der

Paarung zu helfen; man darf aber auch nicht beleidigt sein, wenn man gebeten wird, den Raum zu verlassen, bis die Paarung durchgeführt ist. Im letzteren Fall sind die meisten Rüden-Besitzer gerne bereit, beim „Hängen" den Hündinnen-Besitzer zusehen zu lassen.

Das Deckgeld ist am Tage der Paarung fällig, man sollte sich eine Quittung geben lassen.

Vom Rüden-Besitzer erhält man den offiziellen Deckschein, dieser enthält alle wichtigen Angaben des Rüden und der Hündin, muß in der Regel von Rüden- wie Hündinnen-Besitzer unterzeichnet sein. Ist der Wurf geboren, sollte man die offenen Felder mit Anzahl, Geschlecht und Farbe der Welpen ausfüllen und an den zuständigen Zuchtverein einsenden. Man muß sich unbedingt vor der Paarung vergewissern, daß Rüde und Hündin vom Zuchtverein die entsprechende Zulassung haben, sonst kann es zu Eintragungsschwierigkeiten kommen, wäre de Wert der Junghunde durch fehlende Ahnentafeln wesentlich gemindert.

Wurfvorbereitungen

Kommt der Wurftermin näher, ist es wichtig, daß alle Vorkehrungen getroffen sind. Es ist völlig normal, wenn eine Hündin einige Tage vor dem errechneten Datum wirft, man sollte die Vorbereitungen rechtzeitig abschließen.

Von größter Bedeutung ist der Wurfraum. Eine eigens angefertigte Wurfkiste ist hilfreich. Es gibt eine ganze Reihe verschiedener Wurfkisten im Handel, aber es ist durchaus möglich, eine Wurfkiste selbst zu zimmern. Die Wurfkiste muß groß genug sein, daß sich die Hündin darin bequem drehen und liegen kann, man braucht aber noch zusätzlichen Raum, so daß sie nicht über ihre Welpen zu trampeln braucht. Gut wäre eine feste Holzkonstruktion, etwa 92 cm lang, 76 cm breit und 76 cm hoch. Ein auswechselbarer Boden ist nützlich, man kann ihn vorzüglich reinigen, mit einem Tuch oder einer Decke überziehen, die man unter dem Boden entsprechend befestigt. Diese rauhe Bodenfläche gibt nicht nur den Welpen Wärme, sie hilft auch den Welpen beim Krabbeln und ersten Gehversuchen.

Durch ein solches über den Boden gespanntes Tuch wird auch das Risiko, daß Welpen unter losen Tüchern und Decken ersticken, auf ein Minimum gebracht. Einige Wurfkisten haben abklappbaren Deckel und Frontseiten, beide bringen zusätzliche Sicherheit und Wärme.

Am besten sammelt man über einige Wochen die Tageszeitung und alte Tücher. Für die Geburt und die ersten darauffolgenden Wochen kann man sie recht gut gebrauchen.

Die Plazierung der Wurfkiste ist von größter Wichtigkeit. Gleich ob im Außenzwinger, der Küche oder einem eigenen Zimmer im Haus, eine Forderung steht an der Spitze, nämlich Wärme. Insbesondere in den ersten 2–3 Lebenswochen brauchen Welpen, um zu gedeihen, viel Wärme. Ist der Zwinger oder die Wurfkiste unbeheizt, kann man eine über der Wurfkiste aufgehängte Infrarot-Lampe verwenden.

Es gibt auch gewerblich hergestellte Wurfkisten, in die eine Elektroheizung eingebaut ist.

Es ist empfehlenswert, die Hündin mit dem Wurfraum etwa eine Woche vor der Geburt vertraut zu machen, sie kann sich

Unten: Eine Wurfkiste mit vielen nützlichen Eigenschaften, wie beschrieben. Durch die Füße wird die Wurfkiste von einem möglicherweise kalten oder feuchten Boden abgehoben, man erhält Luftzirkulation.

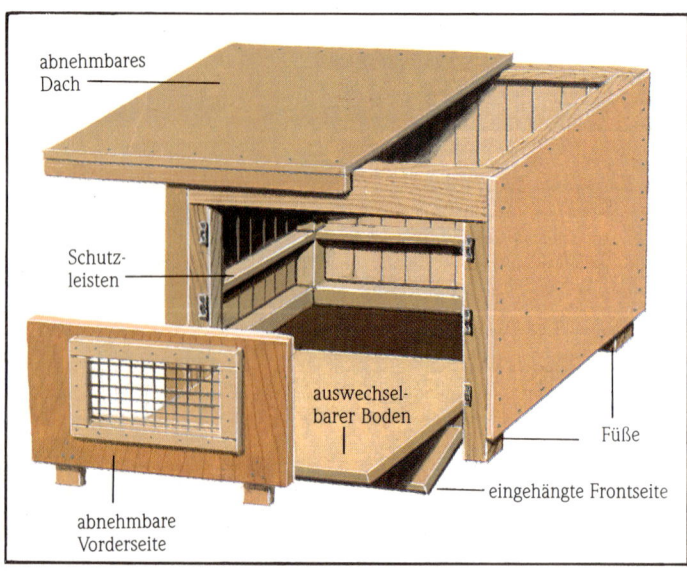

abnehmbares Dach

Schutzleisten

auswechselbarer Boden

Füße

eingehängte Frontseite

abnehmbare Vorderseite

dann in Ruhe an die neue Umgebung gewöhnen.

Fellvorsorge

Beim Englischen wie Amerikanischen Cocker Spaniel ist es in der Regel notwendig, vor der Geburt die Körperbehaarung wesentlich zu reduzieren. Hat man nicht die Absicht, die Hündin kurz nach dem Wurf wieder auf Ausstellungen zu bringen, kann man die Körperbehaarung, insbesondere rund um das Gesäuge, weitgehend kürzen. Will man etwas Behaarung erhalten, läßt man einiges Fell auf den Flanken, entfernt aber die zentrale Haarleiste am Bauch, so daß alle Zitzen frei von Behaarung sind. Besonders lange Behaarung an den Läufen sollte gleichfalls zurückgetrimmt werden. Es gibt Fälle, wo Welpen erstickten oder sich strangulierten, weil sie sich in diesem Haar verfangen hatten.

Nach der Geburt tritt aus der Scheide der Hündin über mehrere Wochen zäher, schleimiger, farbiger Ausfluß auf. Dieser kann die Behaarung der Hündin verfärben, auch zu Verfilzungen führen. Um dies zu vermeiden, sollte man laufend Hinterhand und Befederung mit einer milden Desinfektionslösung, notfalls auch mit milder Seife waschen und die Fahnen sanft ausbürsten. Einige Züchter haben auch gute Erfahrungen mit ölhaltigem Haarspray, das Verfilzungen und Haarverlust in diesem Bereich entgegenwirkt.

Die tragende Hündin

Die normale Tragezeit beläuft sich auf 63 Tage. Die ersten paar Wochen nach der Paarung sind für Hündinnenbesitzer, insbesondere, wenn sie mit der Zucht anfangen, eine unruhige Zeit. Es kommt eine ungeduldige Neugier auf, man möchte wissen, ob die Hündin „aufgenommen hat", ob man wirklich mit Welpen rechnen darf. Viele Hundebesitzer bringen – nach meiner Meinung überflüssigerweise – ihre Hündin zum Tierarzt, fragen nach seiner Auffassung, ob die Hündin trägt oder nicht. Hierfür gibt es eigentlich überhaupt keinen Grund, die Frage löst sich mit der Zeit. Bis zur 4. oder 5. Woche wird in der Regel eine Hündin überhaupt keine äußeren Anzeichen von Trächtigkeit aufweisen, meist sind die ersten Anzeichen viel mehr im Verhalten als im Äußeren der Hündin zu erkennen. Tragende Hündinnen werden in der Regel ruhiger, bedächtiger, viel liebevoller. Etwa ab der 5. Woche füllen sich die Flanken, beginnt der Körper sichtbar rundlicher zu werden. In dieser Zeit vergrößern sich auch

die Zitzen, entwickeln einen rötlichen Hof. Ähnlich Frauen leiden einige Hündinnen in diesem Stadium an morgendlicher Übelkeit.

Bis zur 6. Woche der Tragezeit sind keinerlei Veränderungen im Tagesablauf oder in der Fütterung der Hündin notwendig. Trächtigkeit ist kein Grund, die Bewegung einzuschränken, starke Bemuskelung hilft der Hündin bei der Geburt. Solange die Hündin normal gefüttert wird, mit rohem Fleisch oder Pansen, ergänzt durch Mineralien oder Hundekuchen von guter Qualität, braucht sie bis zur 6. Woche keine Zusatzfütterung. Ab dieser Zeit steigt in der Regel der Appetit an, es ist vernünftig, ihr eine Zusatzmahlzeit zu geben. Die Hündin braucht in allererster Linie Zusatzprotein, so sollte die Menge an Fleisch, Geflügel, Fisch und Eigelb vermehrt werden.

Nach meiner Erfahrung setze ich der Nahrung der Hündin eine Vitamin/Mineralmischung zu, außerdem ausreichend zusätzliches Kalzium. Alle meine Hunde erhalten täglich Hefetabletten und Lebertran, nach meiner Überzeugung ist dies für die Ernährung der tragenden Hündin besonders wichtig. Eine schwertragende Hündin ist oft mit großen Mahlzeiten überfordert, häufiger kleine Einzelmahlzeiten sind besser für sie. Nach acht Wochen Tragezeit füttere ich meine Hündinnen dreimal täglich.

Der Wurf

Die ersten Anzeichen für die bevorstehende Geburt sind Ruhelosigkeit, Zittern, Futterverweigerung und von Zeit zu Zeit verstärkte Atmung. Einige Hündinnen erbrechen in diesem Stadium. Vor Geburtseröffnung sondert die Hündin aus der Scheide dicken, klaren Schleim ab, ein Gleitmittel für die Geburt. Die Hündin beginnt in den Ecken der Wurfkiste zu kratzen, Zeitungen zu zerreißen, um damit für ihre Welpen ein Nest vorzubereiten. Dieses Vorstadium der Geburt kann über einige Stunden dauern. Die Unruhe und Rastlosigkeit der Hündin wird durch erste, schwache Zusammenziehungen der Gebärmutter ausgelöst. Werden die Gebärmutterkontraktionen häufiger und stärker, legt sich die Hündin, streckt häufig die Hinterläufe aus und preßt sie gegen die Wände der Wurfkiste. Die nun starken Wehen kann man auch äußerlich sehen, eine Art Muskelzittern läuft über den Hundekörper. Während dieser Wehen, die den Welpen zur Geburt in die Scheide treiben, winselt oder stöhnt zuweilen die Hündin. Hat eine Hündin über mehr als zwei Stunden starke Preßwehen, ohne daß ein Welpe geboren ist, sollte man sich unverzüglich mit dem Tierarzt in Verbindung setzen.

Der erste Welpe steckt innerhalb der Fruchtblase im Scheidenkanal, diese platzt dabei häufig und das ist das wichtigste Zeichen, daß die Geburt des ersten Welpen kurz bevorsteht. Nach ein paar weiteren Minuten und Wehen wird der Welpe in der Fruchtblase meist mit dem Kopf voran aus der Scheide ausgestoßen. Nun muß der Welpe aus der Fruchtblase befreit werden, in der Regel durch die Hündin, fehlt dieser noch der mütterliche Instinkt, durch den Besitzer. Meist macht eine Hündin alles, was notwendig ist: Öffnen der Fruchtblase, Durchbeißen der Nabelschnur und Stimulierung der Atmung des Welpen durch kräftiges Lecken. Tut dies die Hündin aber nicht, muß es der Züchter tun. Man öffnet die Fruchtblase, faßt die Nabelschnur etwa 6 cm vom Welpenbauch, drückt die Flüssigkeit in der Nabelschnur in Richtung auf den Welpen und trennt nach Möglichkeit mit den Fingernägeln, notfalls mit der Schere die Nabelschnur durch. Dann wird der Welpe kräftig mit einem warmen Frotteetuch abgerubbelt, um ihn zu trocknen und den Kreislauf zu stimulieren. Man achte stets darauf, daß die Nase des Welpen und der Fang frei von Schleim sind. Man hält den Welpen fest in der Hand, schüttelt ihn kräftig mit dem Kopf nach unten, dadurch werden die Atemwege frei, der Hund kann atmen und später saugen.

Kurz nachdem der Welpe geboren ist, stößt die Hündin die Nachgeburt (Plazenta) aus. Dies ist eine Nahrung reich an Proteinen, ihr natürlicher Instinkt sagt der Hündin, diese aufzufressen. Nur bei sehr großen Würfen könnte der Verzehr aller Nachgeburten später Durchfall auslösen.

Geburten sind flüssigkeitsreiche Angelegenheiten, es ist ratsam, nach der Geburt und dem Abtrocknen jedes Welpen die Feuchtigkeit mit einem saugfähigen Tuch (zum Beispiel Vileda) aufzunehmen. Man sollte auch die Zeitungen auswechseln, kann der Hündin einen Schluck Milch anbieten, ehe sie durch die neuen Wehen mit den nächsten Welpen in Anspruch genommen wird. Die Neugeborenen finden in aller Regel ihren eigenen Weg zum Gesäuge, nehmen ihre erste Milchmahlzeit zu sich. Treten erneut starke Wehen auf, sollte man sehr darauf achten, daß der Welpe durch die Mutter nicht getreten oder gegen die Wand gequetscht wird. Einige Züchter empfehlen, nach der ersten Mahlzeit die Welpen solange von der Hündin zu trennen, bis der Wurf abgeschlossen ist. Nach meiner Erfahrung regen sich dabei aber die meisten Hündinnen so stark auf, daß sie mit dem Werfen aufhören. Bei einer Geburt hatte ich sechs Neugeborene in einen Schuhkarton gelegt, während die Hündin vor den nächsten Wehen etwas ruhte. Ich mußte für wenige Minuten das Zimmer verlassen, bei meiner Rückkehr fand ich die Hündin auf dem Schuhkarton liegend, die sechs Welpen unverletzt unter ihr!

Ist die Geburt abgeschlossen, nimmt man die Hündin nach draußen, damit sie sich lösen kann. Bei der Rückkehr säubert man sie mit einer milden Desinfektionslösung (zum Beispiel Sagrotan) am besten mit einem Schwamm über Hinterteil, Gesäuge, Nase und Pfoten. Man bietet ihr einen Stärkungstrunk und läßt sie dann in Ruhe sich mit ihren Welpen befassen. Hat man sich vergewissert, daß alles in Ordnung geht, alle Welpen saugen, genießt die Hündin Ruhe und Frieden. Es wäre außerordentlich unvernünftig, während der Geburt und in der ersten Woche vielen Besuchern den Zugang zu Mutter und Welpen zu gestatten. Völlig zu recht ist eine Hündin gegen solche Eindringlinge, sie will ihre Welpen schützen. Bei fehlender Harmonie zwischen Hündin und Eigentümer kann es auch hier zu Abwehrreaktionen kommen.

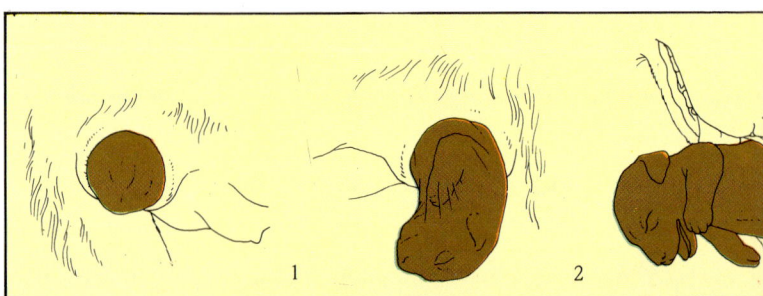

Die ersten Wochen

Es ist vernünftig, am Tag nach der Geburt Hündin und Welpen vom Tierarzt untersuchen zu lassen. Er vergewissert sich, daß die Welpen keine angeborenen Abnormalitäten haben, etwa Hasenscharten oder Gaumenspalten, in der Regel verabreicht er der Hündin Antibiotika, möglicherweise verbunden mit einem die Milch stimulierenden Medikament.

Über eine Reihe von Wochen nach dem Wurf ist es völlig natürlich, daß die Hündin noch Scheidenausfluß hat; dieser ist zunächst dunkel, verfärbt sich über die Wochen in fahlrosa Schleim und hört dann völlig auf. Dieser Ausfluß verunreinigt und verfilzt natürlich die Befederung der Hündin, wenn er nicht täglich abgewaschen wird. Es empfiehlt sich, im Welpenzimmer stets eine Schale mit einer milden Desinfektionslösung nebst Schwamm bereitzuhalten. Vorsicht, über die ersten Tage nach der Geburt sind manche Hündinnen etwas ruhelos, kratzen Zeitungspapier in der Wurfkiste auf, „begraben" Welpen unter Tüchern. Eine sorgfältige Überwachung über die ersten zwei Wochen erscheint dringend angezeigt.

Aber in aller Regel sind Cocker Spaniel hervorragende Mütter, pflegen ihre Welpen erstklassig. Erstaunlich sind die Wachstumsraten der Jungtiere über die ersten Wochen, das Gewicht steigt schnell an. Der Tagesablauf gesunder Welpen ist ganz einfach, fressen und schlafen, fressen und schlafen. Mit einem gesunden Wurf gibt es selten Probleme, die Hündin leckt und reinigt die Welpen, stimuliert dadurch Blutkreislauf und ermöglicht den Welpen sich zu lösen. Etwa mit 10–12 Tagen öffnen sich die Welpenaugen.

Risiken nach der Geburt

Unbedingt muß der Züchter nach der Geburt auf die zwei am meisten auftretenden Risiken achten, auf Mastitis und Eklampsie.

Mastitis Diese wird durch einen Überschuß an Milch ausgelöst, die Zitzen werden hart und für die Hündin schmerzhaft. Man kann Mastitis durch regelmäßige Prüfung der Zitzen und vorsichtige Massage verhindern. Besonders häufig tritt die Erkrankung bei einem kleinen Wurf auf, wenn die Hündin zuviel Milch hat und einige Zitzen nur selten angesaugt werden. In einem solchen Fall ist es vernünftig, alle Zitzen umläufig ansaugen zu lassen, damit man sicher sein kann, daß sich kein Milchstau bildet. Tritt Mastitis auf, muß sie mit Antibiotika behandelt werden, müssen in aller Regel die Welpen – wenn auch nur vorübergehend – auf Flaschenernährung umgestellt werden.

Eklampsie Dies ist eine sehr viel gefährlichere Erkrankung, glücklicherweise aber auch viel weniger verbreitet als Mastitis. Man nennt dies auch Milchfieber, die Krankheit wird durch Kalkmangel im mütterlichen Blutkreislauf ausgelöst. Eklampsie kann kurz vor oder auch kurz nach der Geburt bereits auftreten, in aller Regel jedoch erst vier Wochen danach. Die äußeren Symptome der Eklampsie sind erschreckend und außerordentlich beunruhigend: Die Hündin wird außerordentlich rastlos, häufig zittert sie und erbricht. Die Läufe werden steif, krampfartige Zuckungen treten auf, der ganze Körper zuckt und wird steif. Es ist lebensnotwendig, daß die Hündin sofort tierärzt-

Unten: *Der Geburtsverlauf.*
1 Die Fruchtblase mit dem Welpen erscheint am Scheidenausgang.
2 Der Welpe, immer noch in der Fruchtblase, tritt aus, in der Regel mit dem Kopf voran.
3 Die Hündin öffnet die Fruchtblase, massiert den Welpen kräftig mit der Zunge.
4 Der Welpenkopf wird als erstes freigemacht, damit das Neugeborene atmen kann.

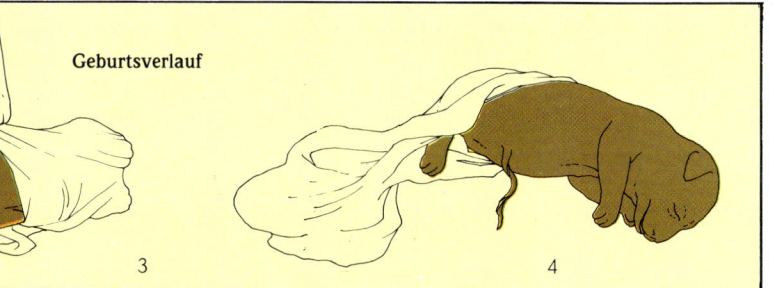

Geburtsverlauf

3   4

lich behandelt wird, eine Verzögerung könnte sich als todbringend erweisen. Der Tierarzt injiziert intravenös größere Kalziummengen. Danach erholt sich die Hündin in der Regel innerhalb weniger Stunden, aber man sollte ihr **nicht** gestatten, den Wurf weiter zu ernähren, da es dann leicht zu einem Rückschlag kommt.

Coupieren

Etwa im Alter von vier Tagen werden beim Cocker Spaniel die Wolfsklauen entfernt, die Rute – wenn gewünscht – coupiert. Diese Aufgaben überläßt man am besten dem Tierarzt oder einem sehr erfahrenen Züchter.

Die säugende Hündin

Eine säugende Hündin braucht wesentlich mehr Nahrung, denn ihre Substanz wird laufend an die Welpen weitergegeben. Über die ersten Tage nach der Geburt empfiehlt man eine leichte Hühner- oder Fischdiät, aber nach kurzer Zeit verträgt die Hündin proteinreiche Ernährung, eine vergrößerte Nahrungsmenge. In der Säugeperiode muß Wasser stets für sie zugänglich sein, ich selbst biete der Hündin regelmäßig eine Milch/Honig-Mischung, gebe ihr zusätzliche Kalk- und Mineralstoffe und ergänze ihre Hauptmahlzeiten gerne mit etwas Knoblauch.

Eine gut ernährte Hündin bleibt auch in der Säugezeit fit und in guter Verfassung. In aller Regel kann sie ohne fremde Hilfe über die ersten vier Wochen ihre Welpen ernähren.

In den ersten paar Tagen verläßt die Hündin nur sehr ungerne ihre Welpen, man muß sie aber dazu zwingen, damit sie sich lösen kann. Nach ein paar Wochen ist sie dann recht fröhlich und bereit, kleine Spaziergänge mit dem Menschen zu unternehmen. Man sollte sie aber immer mit Desinfektionsmittel und Schwamm abreiben, ehe sie zu den Welpen zurückkehren darf. Cocker Spaniels sollten auch in der Säugeperiode ein- oder zweimal wöchentlich eine ausgiebige Fellpflege haben. Während der Säugezeit verliert die Hündin viel von ihrer Befederung, wird sie aber am gesamten Körper regelmäßig gekämmt und gebürstet, kann man stärkere Verfilzungen vermeiden.

Welpenfütterung

Je nach Wurfgröße und Verfassung der Hündin kann man die Zusatzfütterung der Welpen bis zur fünften Woche aufschieben. Zu diesem Zeitpunkt marschieren die Welpen – wenn auch etwas unbeholfen – bereits umher. Spaniel-Welpen

sind im allgemeinen recht ansprechbar auf Futter, lassen sich in diesem Alter leicht an die Zusatzernährung gewöhnen.

Die ersten Versuche verlaufen meist etwas schwierig, am Ende der Fütterung ist meist mehr Futter im Gesicht der Welpen als im Magen, aber die Welpen lernen schnell. Ich beginne die Welpenfütterung im allgemeinen mit einem industriell hergestellten Milchpräparat, angedickt mit Kinderflocken, meist ergänzt durch etwas Honig. Der Welpe lernt das Auflecken schnell, wenn man ihm diese Mischung auf einem Löffel anbietet oder auf dem gesäuberten Finger. Schnell lernt er auch, aus der eigenen Schüssel zu fressen. Ich füttere meine Welpen anfänglich einzeln, damit ich sicher sein kann, daß jeder Welpe lecken gelernt hat. Später kann man den ganzen Wurf mit ein oder zwei Schüsseln füttern. Es macht sehr viel Freude, sich einen Wurf anzusehen, alle Köpfe nach unten gerichtet, alle begeistert ihre Mahlzeit einnehmend. In diesem Alter kann man Welpen auch an feste Nahrung gewöhnen. Im allgemeinen sind sie außerordentlich ansprechbar für rohes Schabefleisch oder fein gehacktes Rindfleisch.

Über die folgenden Wochen sollte man die Welpen schon in Vorbereitung für ihre neuen Besitzer an eine Vielfalt von Futtermitteln gewöhnen. Reispudding, Rührei, gekochte Leber, Hühnchen, Sardinen, feingeschnittenen Pansen, gekochten Fisch, Welpenfutter in Büchsen, all dies ist brauchbar. Man sollte aber immer nur ein zusätzliches Futtermittel neu anbieten, um zu vermeiden, daß der Verdauungsapparat der Welpen gestört wird.

Das Entwöhnen von der Mutter ist ein Prozeß Schritt um Schritt. Haben die Welpen gelernt, feste Nahrung anzunehmen, sollten sie immer noch Gelegenheit haben, bei der Mutter zu trinken. Am Anfang ist es das Beste, den Welpen eine feste Mahlzeit pro Tag zu geben, und die Mahlzeiten nach und nach auszudehnen, bis sie völlig entwöhnt sind. Sind die Welpen sechs Wochen alt, wird die Hündin in aller Regel ihrer etwas überdrüssig, freut sich, wenn sie einige Abwechslung hat, kommt nunmehr auch gerne auf größeren Spaziergängen mit. Man sollte die Hündin stets von ihren Welpen getrennt füttern, auch eine Stunde danach noch getrennt halten, sonst würde sie ihnen meist ihr Futter vorwürgen.

In diesem Alter schlafen meine Hündinnen zwar noch mit den Welpen, besuchen sie aber den Tag über nur mehr auf kurze Zeit.

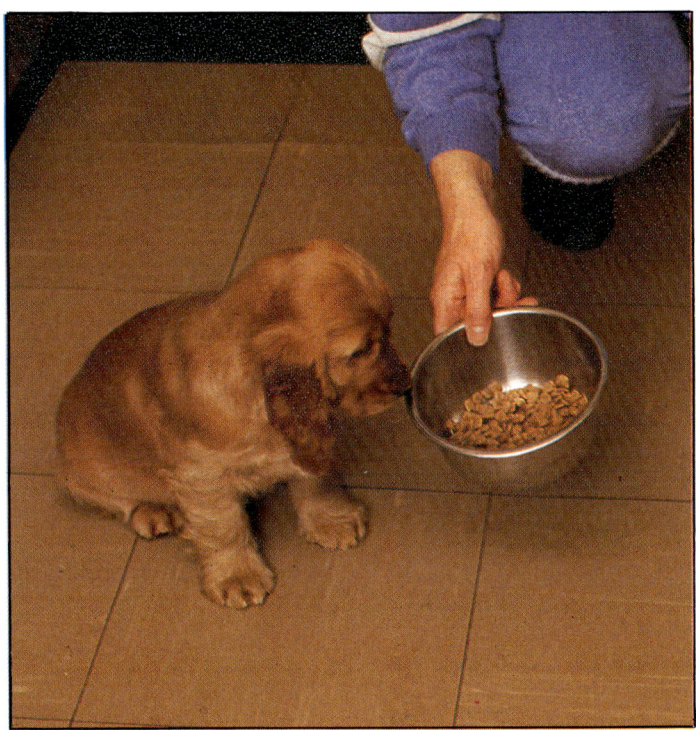

Sind die Welpen acht Wochen alt, sollten sie völlig entwöhnt sein, auf vier feste Mahlzeiten täglich eingestellt. Meine Welpen erhalten zum Frühstück Milch mit Zeralien, zum Abendessen eine kräftige Fleisch- oder Fischmahlzeit. Zur Mittagszeit und am späten Nachmittag bekommen sie jeweils eine leichtere Welpenmahlzeit. Unbedingt sollte man zu einer dieser Mahlzeiten eine Vitamin/Mineralien/Kalzium-Mischung hinzufügen. Gibt man die Welpen an die neuen Besitzer ab, sollte man den Käufern mit der Ahnentafel auch einen klaren Futterplan aushändigen. Mit dem Heranwachsen des Junghundes wird entsprechend der erreichten Größe die Anzahl der Mahlzeiten verkleinert.

Entwurmung

Es ist von größter Wichtigkeit, Welpen im Alter von drei Wochen, danach wieder von fünf bis sechs Wochen, zu entwurmen. Bei Welpen treten Spulwürmer häufig auf, es gibt aber zahlreiche erstklassige Wurmmittel auf dem Markt. Am besten beschafft man sich diese Mittel vom Tierarzt, in Deutschland hat sich Banminthpaste für die Spulwurmbekämpfung von Welpen sehr bewährt.

Oben: *Im neuen Heim angekommen, wird der von seiner Mutter entwöhnte Welpe aus einer Schüssel mit hohen Wänden gefüttert, wodurch die Ohren nicht so leicht ins Futter geraten.*

Fellpflege

Im Alter von sechs Wochen sieht der kleine Spaniel wie eine Miniaturausgabe seiner Rasse aus; die Ohren sind lang, der Kopf typisch und an den Läufen entwickelt sich die erste Befederung. Da die Fütterung häufig das Haarkleid verschmutzt, und um den Junghund auch für sein späteres Leben vorzubereiten, ist es vernünftig, die Welpen jetzt bereits an Kämmen und Bürsten zu gewöhnen; dabei muß man aber unbedingt sehr freundlich und zart mit ihnen umgehen. Auch die Krallen der Welpen müssen zur Schonung der Mutterhündin bereits im Alter von 2–3 Wochen zurückgeschnitten werden, sie wachsen aber schnell wieder, man muß sie kurz halten, damit es nicht zu Verletzungen des Gesäuges kommt. In diesem frühen Alter sind die Krallen weich genug, um sie mit einer scharfen Nagelschere zu schneiden. Man achte aber darauf, keinesfalls ins „Leben" zu schneiden.

Welpenverkauf

„Ich weiß überhaupt nicht, wie Du Dich von ihnen trennen kannst!" Das ist eine häufige Bemerkung meiner Freunde, wenn sie auf meine Welpen schauen. Welpen sind in diesem Alter sicherlich etwas Wunderbares, ansprechend, verspielt und liebenswert. Aber der Züchter weiß auch, daß sie eine ganze Menge harter Arbeit machen. Das wiederum erleichtert den schmerzhaften Abschied, aber nur, wenn man die Gewißheit hat, daß der Junghund in ein neues Heim kommt, wo man ihn liebt und als Familienmitglied schätzt.

Hat man Anfragen nach Welpen, ist alles in Ordnung, wenn nicht, muß man entsprechende Anzeigen aufgeben. Meist gibt es in der örtlichen Tageszeitung eine entsprechende Stelle „Tiermarkt", oft hat der Tierarzt auch eine Hinweistafel in der Praxis, wo man Welpen anbieten kann. Nationale Hundezeitungen und Magazine sind außerordentlich nützlich, insbesondere, wenn man Ausstellungstiere anbieten möchte.

Leider sind nicht alle Kaufwilligen auch geeignete Hundebesitzer. Der verantwortungsbewußte, seine Tiere liebende Züchter vergewissert sich sorgfältig, wohin seine Welpen gehen, ob sie dort richtig betreut und geliebt werden. Der Besitz eines Tieres bringt große Verantwortung, dazu gehören: Erziehung im Haus, Auslauf, Tierarztrechnungen, regelmäßige Fellpflege, Besuch im Hundesalon, Hitze der Hündinnen, Hundepension während des Urlaubs – all dies sollte man dem Käufer vor Augen halten. Ich bin außerordentlich zögernd, Welpen in Haushalte zu verkaufen, wo die gesamte Familie tagsüber arbeitet. Ein Leben in Isolation ist kein Hundeleben, insbesondere in der Zeit des Heranwachsens. Ich bin auch sehr zögernd, einen Welpen als Spielkameraden für Kinder zu verkaufen, besonders sehr kleine Kinder können sehr rauh und wenig einfühlsam sein, werden schnell ihrer Spielsachen müde. Es erschreckt mich geradezu, wenn Welpen zur Weihnachtszeit als „ideale Weihnachtsgeschenke" angeboten werden. Dementsprechend steht ein berühmtes Sprichwort: „Ein Hund ist für das ganze Leben, nie nur für die Weihnachtszeit!"

Erscheinen die Käufer angenehm, so sollte man sie mit Ahnentafel und Futterplan ausstatten. Wichtig sind Hinweise über die notwendige örtliche tierärztliche Betreuung, geeignete Hundesalons. Ich bitte immer Käufer meiner Welpen, mich unbedingt anzusprechen, wenn sie irgendwelche Probleme oder Beschwerden haben, mich laufend darüber zu unterrichten, wie sich der Welpe eingewöhnt. Es gibt keine größere Freude als Briefe oder Weihnachtskarten mit Fotos des selbstgezüchteten Hundes zu bekommen von Hunden, die als geliebte Familienmitglieder und Lebensgefährten ein glückliches Hundeleben führen.

Die Zucht schöner, gesunder Hunde, die anderen Menschen Freude bereiten, ist eine Leistung, auf die man stolz sein darf. Das ist das echte Ziel, auf das Züchter ihre Arbeit ausrichten sollten.

Unten: *Cocker Spaniel Welpen sind immer ganz besonders süß und anziehend. Es ist Sache des verantwortungsvollen Züchters, Käufern klarzumachen, wieviel Pflege und Zeit man für sie braucht.*

Kapitel fünf

HUNDE-AUSSTELLUNGEN FÜR DEN ANFÄNGER

Viele Hundefreunde kaufen einen Junghund „nur so für sich", entscheiden sich eines Tages, ihren hübschen Haushund auszustellen, einfach nur „so zum Spaß". Manchen geschieht es, daß sie dabei „vom Ehrgeiz gepackt werden", sich mit diesem ersten Schritt auf einen Weg begeben, der ihr ganzes Leben radikal verändert!

Die Welt der Hundeausstellungen ist eine ganz eigene Welt, ein großartiges Hobby, das aufregende Augenblicke, große Erfolge bietet. Aber hinter all diesem äußeren Glanz bedarf es laufender, zielbewußter Arbeit, Hingabe und Ausdauer. Auf höchster Ebene ist die Ausstellungswelt eine Welt des harten und kritischen Wettbewerbs. Aber trotz aller Rivalitäten, die nun einmal das Herz eines Freizeitwettbewerbs bilden, sind immer wieder großartige und langandauernde Freundschaften auf solchen Ausstellungen entstanden.

DAS ENGLISCHE AUSSTELLUNGSSYSTEM

In England gibt es verschiedene Ausstellungsarten, Hauptunterscheidungsmerkmale sind die Zulassungsvoraussetzungen und die Härte des Wettbewerbs. Es gibt Ausstellungen für alle Hunderassen und Spezialausstellungen für einzelne Rassen oder Rassegruppen. Die kleinen Hundeausstellungen bieten Ausstellungsklassen, beschränkt auf einzelne Hunderassen, bei Rassen, die nicht sehr verbreitet sind „ge-

Unten: *Ein Richter überprüft einen Cokker auf einer Allgemeinschau im Freien. Kleine Hundeausstellungen haben eine familiäre Atmosphäre, sind für zwei- und vierbeinige Neulinge ideal zum Eingewöhnen.*

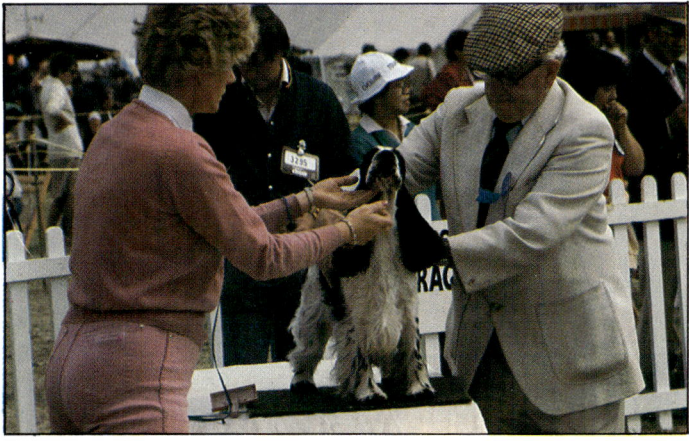

mischte Klassen", zum Beispiel für Jagdhunde oder für Junghunde (Hunde jeder Rassen bis zum Alter von 18 Monaten). Die Spezialausstellungen für einzelne Rassen werden durch die Spezialclubs organisiert, nur Hunde dieser Rasse sind zugelassen.

Verschiedene Ausstellungsarten

Exemption Shows Vielen kleinen Landwirtschaftsausstellungen oder Dorffesten werden in England derartige Hundeausstellungen angegliedert, vorgestellt werden die Hunde aus dem näheren örtlichen Bereich, zugelassen sind Rassehunde wie auch Mischlinge. Zwar werden solche Veranstaltungen durch den englischen Kennel Club lizenziert, sie werden aber von nahezu allen Ausstellungsregeln freigestellt. Man braucht seinen Hund nicht im voraus anzumelden, in erster Linie handelt es sich dabei um freundschaftliche Treffen der Hundefreunde eines bestimmten Distrikts mit dem Ziel, für irgendeinen örtlichen Anlaß finanzielle Mittel zu sammeln. Solche Ausstellungen eignen sich vorzüglich, wenn man mit seinem Hund erste Erfahrungen in der Ausstellungswelt machen möchte.

Sanction Shows Hierbei handelt es sich wiederum um kleine Ausstellungen, maximal mit 25 verschiedenen Klassen. Hunde, die auf Championatsausstellungen und offenen Ausstellungen bereits Preise gewonnen haben, dürfen an solchen Veranstaltungen nicht teilnehmen.

Limited Shows Diese Veranstaltungen sind auf Mitglieder des Veranstalters beschränkt, wobei es wenig kostet, hier die Mitgliedschaft zu erwerben. Auch hier dürfen keine Hunde konkurrieren, die schon Anwartschaften auf irgendein Championat gewonnen haben.

Open Shows Zugelassen sind alle Hunde, gleich ob sie Champions sind oder nicht.

Championship Shows Zugelassen sind alle Hunde. Bei diesen Ausstellungen ist der Wettbewerb am härtesten. Nur auf Championship Shows kann man Anwartschaften zum Championat – Challenge Certificate (CC) – erwerben. Ein englischer Champion gewinnt seinen Titel, wenn er drei CCs unter drei verschiedenen Richtern auf solchen Ausstellungen errungen hat. Ausnahmen gibt es bei Jagdhunderassen, wo teilweise zusätzliche Leistungsprüfungen vorgeschrieben sind.

Auf allgemeinen Championship Shows sind in der Regel für nahezu alle Hunderassen eigene Klassen eingerichtet, dabei werden die Klassen in der Einzelrasse nochmals nach Rüden und Hündinnen und nach den jeweiligen Altersstufen aufgeteilt. Der beste Rüde und die beste Hündin erhalten je ein CC, aus diesen zwei Hunden ermittelt dann der Richter, welcher Hund Rassebester ist (Best of Breed), eine außerordentlich geschätzte Auszeichnung.

Nach dem Richten der Einzelrasse konkurriert der Rassebeste im Gruppenring. Insgesamt gibt es sechs Gruppen – Englische und Amerikanische Cocker gehören zur „Gundog Group". Der Gruppengewinner rückt dann ins Finale auf, hierbei wird aus den sechs Gruppenbesten zum Abschluß der beste Hund der Ausstellung (Best in Show) von einem Allround-Richter herausgestellt. – Best in Show – das ist eine Auszeichnung, von der alle Hundebesitzer träumen!

Ausstellungsklassen

Nachstehend die wichtigsten Klassen, wie sie auf offenen Championatsausstellungen ausgeschrieben sind.

Minor puppy Für Hunde im Alter zwischen sechs und neun Monaten.

Puppy Für Hunde zwischen sechs und zwölf Monaten am Ausstellungstag.

Unten: *Simon Briggs aus Perth, Australien, ein international hochangesehener Hundevorführer, der auf der Crufts Hundeausstellung 1987 den Amerikanischen Cocker Sh. Ch. Dizzy Dame vorstellte.*

Junior Für Hunde zwischen sechs und achtzehn Monaten.

Maiden Für Hunde, die noch kein CC oder einen ersten Preis auf einer offenen oder Championatsausstellung gewonnen haben.

Novice Für Hunde, die noch kein CC oder drei oder mehr erste Preise auf offenen und Championatsausstellungen gewonnen haben.

Post Graduate Für Hunde, die noch keine drei CCs unter drei verschiedenen Richtern oder sieben oder mehr erste Preise auf Championatsausstellungen gewonnen haben.

Open Für alle Hunde einer Rasse, für die die Ausstellung ausgeschrieben ist und die zur Ausstellung zugelassen sind.

AUSSTELLUNGSSYSTEM AUF DEM KONTINENT

In Europa und vielen anderen Teilen der Welt bestimmen die von der FCI (Fédération Cynologique Internationale) beschlossenen Regeln mit nur kleinen nationalen Unterschieden das Ausstellungswesen. Für jedes Land gibt es einen eigenen

Unten: Ein eindrucksvoller schwarzweißer Amerikanischer Cocker im Wettbewerb auf einer Championatsausstellung, wo das so begehrte CC ausgeschrieben ist.

nationalen Rassehundezuchtverein.

Grundsätzlich unterscheidet man zwei Ausstellungsarten: Championatsausstellungen einerseits, Spezialausstellungen der Rassezuchtvereine andererseits. Zuweilen schließen sich mehrere Rassezuchtvereine gleicher Interessen zusammen und veranstalten eine gemeinsame Ausstellung, etwa aller Terrier-Rassen.

Das Richten

Das Richten umfaßt für jeden ausgestellten Hund einen eigenen schriftlichen Bericht. Hinzu kommen Ausstellungsbewertungen, aufgeteilt in vorzüglich, sehr gut, gut oder genügend. Der schriftliche Bericht wird in der Regel sofort im Ausstellungsring geschrieben und dem Aussteller übergeben. Aus diesem Grunde kann das Richten zuweilen eine längere Zeit in Anspruch nehmen. In Europa gibt es aber weniger Ausstellungen, auch viel weniger Spezialausstellungen als in England oder den USA.

Richter

Im gesamten Bereich der FCI erfolgt durch die nationalen Hundezuchtvereine eine sorgfältige Schulung der Richter. Eine Zulassung für die einzelnen Rassen oder Rassengruppen erfolgt erst nach entsprechender Prüfung.

Klassen

Auf internationalen Ausstellungen umfaßt die Klasseneinteilung Jüngstenklasse (6–9 Monate), Jugendklasse (9–18 Monate), offene Klasse (Mindestalter 15 Mo-

nate) und Championklasse (Mindestalter 15 Monate, mit anerkannten nationalen oder internationalen Siegertiteln). Hinzu kommt noch die Gebrauchshundeklasse für Hunde mit bestandener Arbeitsprüfung und einem Mindestalter von 15 Monaten.

Siegertitel

Aus allen Hunden mit der Bewertung „Vorzüglich" werden zunächst der beste Rüde und die beste Hündin ermittelt. In einigen Ländern wird in den Jugendklassen kein „Vorzüglich" vergeben. Wettbewerbe um den Rassebesten werden in Europa seltener ausgetragen. Dementsprechend kann dann auch kein Gruppenwettbewerb stattfinden, kein bester Hund der Ausstellung ermittelt werden.

Die Anwartschaften zu nationalen oder internationalen Siegertiteln erreichen Hunde auf den sogenannten CACIB-Ausstellungen, die in den europäischen Ländern ausgeschrieben werden. Um die Anwartschaft um das internationale Championat konkurrieren nur die Sieger der Offenen, Gebrauchshunde- und Championklasse. Der beste Rüde und die beste Hündin aus diesen drei Klassen erhält das begehrte CACIB (Certificate d'Aptitude au Championat International de Beauté). Auch hier hat der Richter das Recht, diese Auszeichnung zurückzuhalten, wenn nach seiner Meinung keiner der ausgestellten Hunde des Titels Champion würdig erscheint. Für den Titel „Internationaler Schönheitschampion" muß ein Hund insgesamt viermal CACIB unter drei verschiedenen Richtern in drei verschiedenen Ländern erringen. Mindestabstand zwischen dem ersten und letzten Zertifikat 12 Monate.

Die Vergabebedingungen für das nationale Championat setzt der nationale Spitzenzuchtverband fest. Teilweise konkurrieren um das CAC (Certificat d'Aptitude au Championat) auch die Jugendklassen, je nach Entscheidung des entsprechenden Rassezuchtvereins. Auch hier sind in der Regel vier Anwartschaften unter drei verschiedenen Richtern an drei verschiedenen Ausstellungen erforderlich.

Hinzu kommen nationale Titel wie Deutscher Bundessieger, Österreichischer Bundessieger, häufig auch von den Rassehundezuchtclubs jährlich ausgetragene Wettbewerbe um den Titel Clubsieger.

Hundeausstellungen sind der Prüfstein für die Rassehundezucht. Für Züchter und Liebhaber sollte die Teilnahme an solchen Veranstaltungen schon aus der Identifikation zur Rasse erfolgen. Gerade der Vergleich der Tiere untereinander, das Urteil des guten Spezialrichters sind wertvolle Hilfen für die Fortentwicklung der Hundezucht.

AUSSTELLUNGSSYSTEM USA

US All-Breed Shows

Im amerikanischen Ausstellungssystem gibt es für jede Hunderasse fünf Einzelklassen, in der der Hund gemeldet sein kann. Nach dem Richten der Einzelklassen konkurrieren deren Sieger in einer eigenen Siegerklasse. Hieraus wird der beste Rüde und die beste Hündin ausgewählt, beide erhalten Championatspunkte.

Danach geht es um den Rassebesten. Dieser wird aus allen auf der Ausstellung in Wettbewerb stehenden Champions ermittelt, zuzüglich konkurrieren die zuvor

---

Unten: *Ein englischer Cocker Spaniel im Wettbewerb in der Gundog Group auf Crufts 1987. Dieser Gruppe entspricht in den USA die „Sporting Group".*

ermittelten bester Rüde und beste Hündin. Aus dieser Konkurrenz wird der Rassebeste und der beste Hund des anderen Geschlechts (Best of Opposite Sex) ausgewählt.

Der Rassebeste konkurriert danach in der Gruppe um den Gruppenbesten, zum Abschluß der Ausstellung wird der beste Hund der Ausstellung (Best in Show) aus den Gewinnern aller sieben Gruppen ausgewählt).

Klassen
Nachstehend die erwähnten Einzelklassen:

Puppy Für Hunde im Alter zwischen sechs und zwölf Monaten. Zuweilen erfolgt Aufteilung in Hunde zwischen sechs und neun und Hunde zwischen neun und zwölf Monaten.

Novice Teilnehmer Hunde ab sechs Monate, die noch keine Klasse mit Ausnahme einer Puppyklasse oder nicht mehr als dreimal die Novice Klasse gewonnen haben.

Bred by exhibitor Diese Klasse ist beschränkt auf Hunde, die im Besitz des Züchters stehen.

American bred Für Hunde ab sechs Monaten, die in den USA gezüchtet wurden.

Open Für alle Hunde ab sechs Monaten. In der Regel nehmen in erster Linie ausgereifte Hunde an dieser Konkurrenz teil. Alle importierten Hunde müssen in dieser Klasse eingeschrieben werden.

Champions Um ein Champion zu wer-

Oben: *Ausstellungshunde müssen sich daran gewöhnen, in Boxen festgelegt zu werden. Am besten legt man den Boden mit einem Tuch oder Kissen aus, hält für seinen Hund auch stets frisches Wasser bereit.*

den, muß ein Hund unter zumindest drei verschiedenen Richtern insgesamt 15 Punkte gewinnen.

Championatspunkte erhalten jeweils der beste Rüde und die beste Hündin einer Rasse. Die einzelne Punktzahl einer Ausstellung variiert entsprechend der geographischen Lage und der Anzahl von in Wettbewerb stehenden Hunden. Jeder Champion muß zumindest auf zwei der Hauptausstellungen (auf denen 5 Punkte vergeben werden) unter zwei verschiedenen Richtern gewonnen haben.

DIE ERSTE AUSSTELLUNG

Ist der Hund gut genug?
Befaßt man sich ernsthaft mit dem Hobby des Ausstellern von Hunden, ist es wenig sinnvoll, weiter zu machen, wenn der eigene Hund nicht soviel Qualität mit bringt, daß er auch gewisse Erfolge erringen kann. Das Ausstellen von Hunden braucht eine ganze Menge Zeit und Geld. Der Hund muß sorgfältig getrimmt werden, dies bedeutet ebenfalls Zeit oder Geld. Nicht zu vergessen Meldegelder, Reisekosten und eine ganze Reihe weiterer Ausgaben.

In ein solches Vorhaben Geld und Zeit zu stecken, ohne daß dem auch gewisse Chancen gegenüberstehen, könnte leicht zu einer frustrierenden Freizeitbeschäftigung werden. Am Rande gesagt, ein mittelmäßiges Tier vorzubereiten und auszustellen kostet ganz genau soviel Zeit, Arbeit und Geld, wie einen Champion.

Besitzt man bereits einen Cocker Spaniel und möchte seine Ausstellungschancen herausfinden, gibt es hierzu verschiedenartige Wege. Zunächst kann man bei einer der lokalen Ausstellungen einen Versuch unternehmen, in die Glückstrommel greifen! Dies möchte ich eigentlich weniger empfehlen, denn ohne das Wissen, wie man einen Hund vorstellt und zeigt, hat man gegenüber anderen doch beträchtliche Nachteile. Nach meiner Erfahrung ist es sehr viel besser, Hilfe und Rat von einem erfahrenen Züchter oder Richter der Rasse zu erhalten. Hierzu sollte man zunächst den Züchter des eigenen Hundes um Rat bitten. Verfügt er auf diesem Gebiet über wenig Erfahrung, könnte er zumindest beraten, wo man fachkundige Hilfe findet. Man kann auch auf eine der kleinen Ausstellungen gehen, dort mit einem Züchter sprechen und um Rat bitten. Sieht dieser für den Hund Ausstellungschancen, sollte man einen Hundepflegekurs belegen, nach Möglichkeit auch bei einem örtlichen Hundeverein Ausstellungstraining erlernen.

In England gibt es viele örtliche Hundeclubs, die Hund und Besitzer Trainingsmöglichkeiten für die Ausstellung bieten. Diese sind besonders wertvoll, weil der Hund an seine Artgenossen und Menschen gewöhnt wird, Erfahrung gewinnt, sich anfassen läßt, sich friedlich anderen Hunden gegenüber verhält. Nicht zuletzt kann aber auch der Hundebesitzer die Grundregeln über das Vorführen eines Hundes im Ring lernen.

Meldung zur Ausstellung

Für die erste Vorstellung des Hundes auf einer Ausstellung wählt man entsprechend Alter und Erfahrung des Hundes die geeignete Ausstellungsklasse. Die Ausschreibung enthält die genaue Spezifikation der Ausstellungsklassen. Auf dem Kontinent ist in aller Regel durch diese Ausschreibung eindeutig festgelegt, in welcher Klasse der Hund gemeldet werden muß. Doppelmeldungen sind in der Regel nicht zulässig. Man sollte sich klar

Unten: Zu den wichtigen Ausstellungsvorbereitungen gehört das Aufstellen eines Cockers auf einem Richtertisch. Dabei muß der Hund so präsentiert werden, daß er seine Vorzüge zeigt, sich vom Richter prüfen läßt.

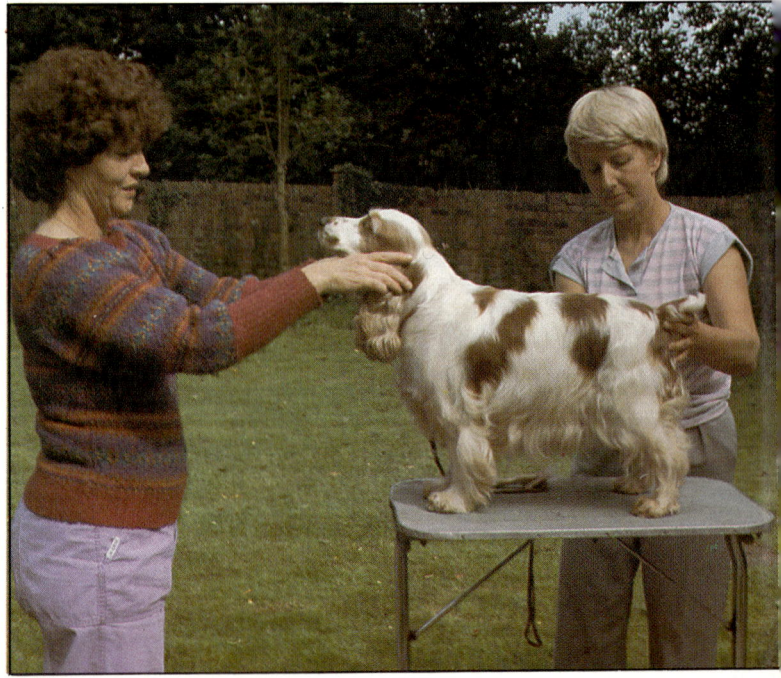

sein, daß gerade in den Jugendklassen Hund und Besitzer die notwendigen Erfahrungen machen, und man lernt besonders aus Erfahrungen in der Jugend.

Vor der Ausstellung

Hat man sich vergewissert, daß der eigene Hund gewisse Ausstellungschancen hat, hat man auch die Grundbegriffe der Vorführtechnik im Ausstellungsring erlernt, sollte man zu Hause noch einiges üben.

Bewegungsablauf und Ausstellungspose des eigenen Hundes sind von großer Wichtigkeit. Der Besitzer sollte sich bemühen, seinen Hund wohl ausbalanciert aufzustellen, so daß er seine guten Punkte auch zeigt. Dabei stehen die Vorderläufe richtig unter dem Körper, völlig parallel zueinander. Die Hinterläufe sollten etwas hinter der Rute stehen, eine Kleinigkeit weiter auseinander als die Vorderläufe. In England hält man bei der Vorstellung den Hund unter dem Kinn, zeigt dadurch die Halslinie und faßt eventuell loses, störendes Fell mit der Hand zusammen. Mit der anderen Hand hält man die Hunderute in Rückenhöhe. Für eine solche Vorstellung brauchen Hund wie Besitzer gewisse Erfahrungen, stete Übung führt dazu, daß der Hund für einige Minuten geduldig und ruhig die gewünschte Haltung einnimmt.

Als nächstes sollte man die Vorführung des Hundes in der Bewegung üben. Am besten wirkt der Bewegungsablauf in einem freien Trab. Man acht darauf, daß der Hund dabei seinen Kopf aufrecht trägt, das ist für die Balance und äußere Linie außerordentlich wichtig. Beginnt der Hund zu galoppieren, muß er zur Ordnung gerufen werden; stets führt man den Hund an der linken Hand. Am besten geht man etwa 10 m geradeaus, dreht dann in einem Bogen um und geht den gleichen Weg zurück, stets den Hund auf der linken Seite führend. Man übe auch die Vorstellung des Hundes im Kreis, oft wird dies im Ring verlangt.

Die Vorstellung im Kreis erfolgt regelmäßig entgegen dem Uhrzeigersinn. Dann gibt es noch die Vorstellung im Dreieck, dadurch sieht der Richter den Hund von hinten, von vorn und im Profil, was zu einer korrekten Beurteilung beiträgt. Rückt die Ausstellung näher, muß man sich vergewissern, daß der Hund auch in Ausstellungskondition vorgestellt werden kann. Hierzu muß er gut ge-

Unten: *Ebenso wichtig ist das Vorführen des Hundes in der Bewegung. Ein ausgreifender Trab mit hoch getragenem Kopf ermöglicht eine optimale Vorstellung des Hundes in der Bewegung, der Hund wird stets links an der Leine geführt.*

trimmt und gepflegt sein, weder zu fett noch zu schlank. Einen Tag vor der Ausstellung ist ein Bad angezeigt.

Man sollte die Pflegeausrüstung mit auf die Ausstellung nehmen, direkt vor dem Betreten des Rings empfiehlt sich immer ein letztes Bürsten und Kämmen. Ein tragbarer Trimmtisch für diese letzten Vorbereitungen hat sich in aller Regel bewährt.

Auf der Ausstellung

Man sollte rechtzeitig zu den in der Ausschreibung angegebenen Terminen sich in der Nähe des Ringes einfinden, das erlaubt eine letzte Pflege des Hundes, ehe seine Klasse aufgerufen wird. Hierdurch findet der Hund auch Gelegenheit, sich an die Atmosphäre im Ausstellungsring zu gewöhnen.

Man lasse sich nicht nervös machen. Nervosität, Angespanntsein überträgt sich über die Leine auf den Hund, das wiederum beeinträchtigt seine Bereitschaft, sich in bester Haltung vorzustellen. Ich habe in meinem Leben schon sehr viele „streßgeplagte" Hundebesitzer gesehen, die durch ihre Anspannung den Hund im Ausstellungsring „übervorführten".

An der Box oder durch den Ringhelfer erhält man seine Ausstellungsnummer, diese muß bei der Vorführung gut sichtbar getragen werden, damit die Zuschauer und der Richter stets in der Lage sind, Katalognummer und Hund zu identifizieren. Hat man im Ring Aufstellung genommen – meist in der Reihenfolge der Ringnummern – beginnt die erste Überprüfung durch den Richter. Meist schreitet der Richter die ganze Reihe ab, um einen ersten Eindruck zu gewinnen.

Dann bittet er alle Aussteller, die Hunde am Ringrand entlang in Bewegung zu setzen. Dies ist der Zeitpunkt, wo eigene Übungen sich auszahlen. Danach wird jeder Einzelhund auf dem Richtertisch überprüft. Während der Hund in der Reihe vor dem Aussteller in Bewegungsablauf vorgestellt wird, plaziert der Aussteller schon seinen Hund auf dem Richtertisch. Dabei muß der Hund optimal für den Richter präsentiert werden. Man stelle sich nie zwischen Hund und Richter. Nach der Einzelüberprüfung stellt man seinen Hund im Bewegungsablauf nach einem der zuvor geschilderten Muster vor, ganz wie dies der Richter verlangt. Danach reiht man sich wieder am Ringrand unter die Mitbewerber ein, bis die Einzelmusterung abgeschlossen ist. Man vergesse nie, seinen Hund tüchtig zu loben, wenn er sich gut zeigt. Jetzt kann man etwas ausruhen. Für die Abschlußprüfung muß man dann nochmals kurz das Fell durchbürsten, dann den Hund in korrekter Haltung präsentieren. Nach einer Abschlußprüfung wählt der Richter die Hunde aus, die er für die ersten Plätze in Betracht zieht. Wird man hierzu ausgewählt, geht man in die Ringmitte und stellt seinen Hund erneut auf. Wird der Hund nicht in die Mitte gebeten, ist dies zwar schade, aber man sollte die Entscheidung des Richters mit Anstand entgegennehmen, ruhig den Ring verlassen. Der Richter läßt sich vor seiner abschließenden Entscheidung meist die Hunde nochmals im Bewegungsablauf vorstellen, plaziert sie dann in der endgültigen Reihenfolge. Nie sollte man seinem Hund nachtragen, wenn er nicht die erhoffte Qualifikation erreicht, er hat sein Mögliches getan. Sieg oder Niederlage, beides sollte man mit Anstand entgegennehmen, dem Sieger gratulieren.

Hat man an seinem ersten Ausstellungstag Freude, könnte es durchaus sein, daß man sich zum „Ausstellungsfan" entwickelt. Kann man sich jedoch bei einer solchen Ausstellung nicht entspannen, sich nicht an der Ausstellung freuen, an dieser einmaligen Atmosphäre, kann man insbesondere nicht ertragen, mit seinem Hund zu verlieren, dann sollte man dieses Abenteuer vergessen, man eignet sich eben nicht für die Hundeausstellung.

Das Richten von Hunden ist eine Freizeitbeschäftigung, die viel persönlichen Einsatz voraussetzt. Da gibt es zwar einen Rassestandard, den der Richter anwenden muß, aber jeder qualifizierte Richter hat hierzu eine völlig individuelle Meinung. Rassestandards sind persönlichen Auslegungen unterworfen, daher ist es durchaus möglich, daß ein Hund, der einem Richter ganz besonders gut gefiel, bei einem anderen Richter weniger Anklang findet. Kann man solche Entscheidungen nicht mit philosophischer Ruhe entgegennehmen, ist der Ausstellungsring nicht gut für den Blutdruck, bleibt man besser zu Hause und erfreut sich seines Cocker Spaniels als Familiengefährte und Freund.

Links: *Stets sollte man Pflegegerät auf Ausstellungen mitnehmen, um den Hund direkt vor der Präsentation nochmals kurz zu bürsten und durchzukämmen.*

Unten: *Hier werden Cocker Spaniels auf der berühmtesten Hundeausstellung der Welt, auf Crufts im Jahre 1987 gerichtet. Die Atmosphäre ist elektrisch geladen!*

Anhang I

Abkürzungen

AKC	American Kennel Club
ANKC	Australian National Kennel Club
AOC	Any other Colour
B	Bitch (Hündin)
BIS	Best in Show (Bester der Ausstellung)
BOB	Best of Breed (Rassebester)
BOS	Best Opposite Sex
CAC	Certificat d'aptitude au Championat de Beauté
CACIB	Certificat d'aptitude au Championat internal de Beauté
CC	Challenge Certificate
CD	Companion Dog (USA)
Ch	Champion
D	Dog (Rüde)
FCI	Fédération Cynologique Internationale
IntCh	Internationaler Champion
JW	Junior Warrant
KC	Kennel Club
OBCh	Obedience Champion
ÖKV	Österreichischer Kynologenverband
P	Puppy (Junghund)
ResCC	Reserve Challenge Certificate
SKG	Schweizerische Kynologische Gesellschaft
VDH	Verband für das Deutsche Hundewesen
WS	Weltsieger

Nationale Hundezuchtorganisationen

Australien Australien National Kennel Council, Royal Show Grounds, Ascot Vale, Victoria

Belgien Societé Royale Saint Hubert, Avenue de l'Armee 25, B-1040 Brüssel

Canada Canadian Kennel Club, 2150 Bloor Street West, Toronto M6S1 M8 Ontario

Deutschland Verband für das Deutsche Hundewesen e. V., Westfalendam 174, D-4600 Dortmund 1

FCI Fédération Cynologique Internationale, 12 Rue Leopold II, B-6530 Thuin

Frankreich Societé Centrale Canine, 215 Rue St. Denis, F-75083 Paris

Großbritannien The Kennel Club, 11 Clarges Street, London W1Y 8AB

Holland Raad van Beheer op Kynlogisch Gebied in Nederland, Emmalaan 16, NL-1007 A. X. Amsterdam Z.

Irland Irish Kennel Club, 23 Earlsfort Terrace, Dublin 2

Italien Internationale Della Cinofilia Italiana, Viala Premuda, I-21 Milano

Luxemburg Union Cynologique Saint Hubert du Grand-Duché de Luxembourg Rue Huberty 42, L-Luxembourg

Neuseeland New Zealand Kennel Club PO Box 19-101. Arow Street, Wellington

Österreich Österreichischer Kynologen-Verband, Joh.-Teufel-Gasse 8, A-1238 Wien

Schweiz Schweizerische Kynologische Gesellschaft, Falkenplatz 11, CH-3012 Bern

Spanien Real Sociedat Central de Formento de las razas en Espana, Los Madrazo 20, Madrid 14

USA The American Kennel Club, 51 Madison Avenue, New York, 10010 NY

Spaniel Clubs auf dem Kontinent

Deutschland Jagdspaniel-Klub e. V., Geschäftsstelle, Hainbergstraße 17, D-3205 Bockenem 1; Spaniel-Club Deutschland e. V., Wiebke Laudi, Mainer Straße 207, 6520 Worms 31, Tel. (0 62 42) 16 63; Verein Jagdgebrauchsspaniel e. V., Anneliese Ross, Königsberger Straße 12, 6054 Rodgau 3, Tel. (0 61 06) 7 56 97; 1. American Cockerspaniel-Club e. V., Rosel Fuchs, Berliner Straße 577, 5000 Köln 80, Tel. (02 21) 60 15 18; Deutscher Cocker-Spaniel-Club e. V., Gertrud Zöller, Am Pfarracker 2, 6981 Faulbach/Main, Tel. (0 93 92) 89 61

Niederlande Nederlandse Spanielclub, Postbus 231, NL-2100 AE Heemstede

Österreich Österreichischer Jagdspaniel-Klub, Wiener Straße 7, A-2201 Seyring

Schweiz Spaniel Club der Schweiz, Altlandenbergstraße 23, CH-8494 Bauma

Fachterminologie

Anorchid: Hodenloser Rüde.

Anus: After

ausbalanciert: Ein richtig proportioniertes Tier, bei dem ein Körperteil zum anderen paßt.

Bitch: Englische Bezeichnung für Hündin.

Caniden: Gattungsgruppe Canis, zu der Hunde, Füchse, Wölfe und Schakale gehören.

Canines: Die vier großen Fangzähne im Hundefang, jeweils zwei große Zähne im Ober- und Unterkiefer außerhalb der Schneidezähne.

Close coupled: Ein Hund, der zwischen Rippen und Becken vergleichsweise kurz gebaut ist.

Conformation: Englische Bezeichnung für den anatomischen Aufbau eines Hundes im Vergleich zu den Anforderungen des Rassestandards.

Dam: Englische Bezeichnung für die Mutter eines Hundes.

Dishface: Eingesenkt verlaufende Kopflinie (konkav).

Double Coat: Unterwolle und längeres Deckhaar.

Downface: Aufgewölbte Kopflinie (Konvex).

Dudley nose: Schmetterlingsnase (Pigmentmangel).

Durchgetretene Pfoten: Schwacher oder fehlerhafter Mittelfuß (Metacarpus), d. h. die Vorderläufe sind im Vordermittelfuß durchgetreten.

Ellbogen: Gelenk zwischen Ober- und Unterarm.

Fall: Langes Haar rings um den Kopf.

Fang: Die Kopfpartie vor den Augen, einschließlich Nase, Nüstern und Kiefer.

Faßförmigkeit: Zu stark gerundeter Brustkorb, durch den die Ellenbogenaktion gestört wird.

Fiddle front: Schlechte Front, ausgedrehte Ellenbogen, Pfotengelenke nach innen, Pfoten nach außen gestellt.

Hackney action: In der Bewegung zu hohes Anheben der Vorderläufe wie Hackney-Pferde.

Hasenpfote: Lange, schmale Pfote.

Haw: Drittes Augenlid am inneren Augenwinkel.

Hock: Sprunggelenk, unteres Gelenk der Hinterläufe.

In-breeding: Englische Bezeichnung für Inzest-Zucht.

Kastration: Chirurgische Hodenentfernung.

Kruppe: Hintere Rückenpartie oberhalb der Hinterläufe.

Kryptorchid: Rüde, dessen Hoden in der Bauchhöhle verblieben, nicht in den Hodensack abgestiegen sind.

Kuhhessig: Sprunggelenke einwärts gedreht.

Kupieren: Operative Verkürzung der Rute.

Layback: Winkel des Schulterblattes zu einer senkrecht gezogenen Linie.

Leather: Englische Bezeichnung für Ohrlappen.

Lende: Beidseits der Wirbelsäule zwichen letzter Rippe und Hüftknochen.

Linienzucht: Paarung verwandter Hunde innerhalb einer Blutlinie auf einen gemeinsamen Vorfahren, z. B. Rüde mit Großmutter oder Hündin mit Großvater.

Loaded: Übermäßige Bemuskelung (überladen).

Maiden: Hündin, die noch nie gedeckt wurde.

Mandelauge: Auge in einer mandelförmigen Lidspalte.

Molaren: Hintere Backenzähne.

Molera: Unvollständiges Schließen des Schädelknochens.

Monorchid: Rüde mit nur einem Hoden im Hodensack.

Obere Linie: Linie vom Halsansatz bis Rutenansatz.

Occiput: Hinterhaupt.

Oestrum: Hitzeperiode einer Hündin, in der sie Menstruationsblut verliert und gedeckt werden kann.

Paßgang: Linker Vorderlauf und linker Hinterlauf bewegen sich gleichzeitig nach vorne, dann rechter Vorderlauf und rechter Hinterlauf; hieraus entsteht eine rollende Bewegung.

Pastern: Vorderlauf zwischen Fußwurzel und Zehen.

Patella: Bänderapparat am Kniegelenk, der die Kniescheibe umfaßt.

Pelvis: Becken.

Porzellanauge: Auge von klarblauer Farbe.

Prefix: Zusatz zum Hundenamen, um diesen mit einem bestimmten Züchter zu identifizieren.

Puppy: Junghund bis zum Alter von 12 Monaten.

Register: Zuchtbuchform für Hunde, bei denen die ersten drei Ahnenreihen nicht vollständig nachgewiesen sind.

Roach back: Konvexer Verlauf der Rückenlinie.

Rückbiß: Vordere Schneidezähne (incisors) des Oberkiefers überragen die Schneidezähne des Unterkiefers, ohne sie zu berühren.

Scherengebiß: Die Vorderseite der unteren Schneidezähne berührt die Rückseite der oberen Schneidezähne.

Schneidezähne: Zwischen den Fangzähnen liegende vordere Zahnreihe im Ober- und Unterkiefer (incisors).

Schub: Gute Aktion aus der Hinterhand.

Schulterhöhe: Senkrechtes Maß vom Widerrist zum Boden.

Sire: Vater eines Hundes.

Snipy: Schwacher, spitz zulaufender Fang.

Spay: Chirurgische Entfernung der Eierstöcke zur Unfruchtbarmachung einer Hündin.

Spring: Rippenwölbung.

Standard: Wortbild einer Hunderasse in Anatomie und Wesen.

Staupegebiß: Verfärbte oder verkrüppelte Zähne als Folge von Staupeerkrankung.

Steil in der Schulter: Senkrechte Lagerung der Schulterblätter; Gegensatz zur zurückgelagerten Schulter.

Sternum: Brustbein.

Stop: Abfall der Stirnlinie vor den Augen.

Stud: Zuchtrüde.

Sway back: Hängerücken.

Taubenfüßig: Nach innen gerichtete Vorderpfoten.

Topknot: Sehr langes Haar auf dem Kopf.

Vent: Analöffnung.

Vorbiß: Schneidezähne des Unterkiefers vorstehend, dabei vor den Schneidezähnen des Oberkiefers gelagert.

Wamme: Übermaß loser Haut unter der Kehle.

Weaving: Kreuzen der Vorderläufe in Bewegung (weben).

Winkelung: Von Knochen bestimmter Winkel. In erster Linie an Schulter-, Knie und Sprunggelenk.

Wolfsklaue: Zusatzkralle an der Innenseite im unteren Bereich der Läufe.

Wry mouth: Unterkiefer und Oberkiefer stehen nicht in derselben Linie.

Zangenbiß: Obere und untere Schneidezähne stehen aufeinander (Level bite).

Zuchtbuch: Register zur Eintragung aller Rassehunde, deren Abstammung zumindest für drei Generationen nachgewiesen ist.

Zwingername (Affix): Kennwort des Züchters, das bei der Registrierung durch den Zuchtclub nur vom Züchter und niemand sonst verwendet werden darf. Es gibt nationalen und internationalen Zwingernamenschutz.

DAS RASSEPORTRAIT

Umfang jeweils etwa 300 Seiten, davon 100 Bildseiten. **Profilierte Kenner** der einzelnen Hunderassen portraitieren in Wort und Bild ausführlich »ihre Hunderasse«. Ein Fachbuch, das **umfassendes Wissen** vermittelt.   DM 49,80

Dr. Hans Räber – SCHNAUZER – PINSCHER
Dr. Wilfried Peper – WESTHIGHLAND WHITE TERRIER
Winfried Nouc – DEUTSCHE DOGGE
Patricia Busch – GOLDEN RETRIEVER
Dr. Christa von Bardeleben – AIREDALE TERRIER
Dr. Peter Beyersdorf – SPANIEL
Walt Weisse – BOXER

VERHALTENSFORSCHUNG

Eberhard Trumler – DAS JAHR DES HUNDES
Faszinierender Farbbildband in Großformat mit 168 Fotos. Dokumentation von Entwicklungsstadien und typischem Verhalten vom Neugeborenen bis zum Jährling. Ein **Schlüsselbuch** zum Verständnis des Hundes, Grundlage jeder verständigen Hundeerziehung. 224 Seiten.   DM 62,80

Eberhard Trumler – DER SCHWIERIGE HUND
Wissen statt Führerschein für den Hund. Ein Ratgeber für jedes Haltungs- und Erziehungsproblem, hilft zur völlig reibungslosen Integration des Haushundes in die heutige Umwelt. 3. Auflage! 204 Seiten, 48 Fotos.   DM 34,00

Eberhard Trumler – MENSCH UND HUND
Völlig neue Erkenntnisse über die **Haustierwerdung des Hundes,** über das **Verhältnis Mensch zu Hund. Neue Welpentests.** Ein sehr ehrliches und **kritisches Buch,** das dem Hundefreund viele weitere Erkenntnisse bringt. 272 Seiten, 27 Farbfotos.   DM 39,80

HUNDEZUCHT

Dr. Dieter Fleig – DIE TECHNIK DER HUNDEZUCHT
Ein Handbuch für Züchter, Deckrüdenbesitzer und jeden Hundefreund. Es setzt für die Hundezucht **neue Prioritäten: Gesundheit, Intelligenz, Leistungsvermögen und – erst dann – Schönheit.** Ausführliche Darstellung von Auswahl der Zuchttiere, räumlichen Voraussetzungen der Hundezucht, Paarung, Schwangerschaft, Geburt, Geburtsschwierigkeiten, Welpenaufzucht, Welpenkrankheiten. **»Dem Autor meine Gratulation zu diesem Buch – es hat derzeit keine Konkurrenz!« (Prof. Dr. W. Schleger)** 250 Seiten, 144 Abbildungen, 18 Tabellen.   DM 46,00

DEIN HUND IM BILD

Sally Anne Thompson – HUNDEFOTOGRAFIE
Der Weg zum Spitzenfoto. Die bekannteste Hundefotografin der Welt weist Hundefreunden und Fotoamateuren den sicheren und erprobten Weg zum eigenen Hundefoto. 15 ausführliche Kapitel zeigen in Wort und Bild, worauf es beim Fotografieren von Hunden ankommt. Bewegungsaufnahmen, Portraits, Welpen, Hunde und Kinder, richtiger Hintergrund, Kamera, Filmmaterial, Blitzlicht, wichtiges Wissen für jeden Hundefreund, der seinen Hund **ins richtige Bild bringen** möchte. Reich illustriert mit einmaligen Farbfotos. Auch für Hundefreunde, die Freude an schönen Hunden haben, ohne selbst zu fotografieren. 176 Seiten, 166 Fotos.   DM 49,80

KYNOS KLEINE HUNDEBIBLIOTHEK

Diese Buchreihe bringt den Hundefreunden eine der erfolgreichsten Hundebuchserien aus England. International hochangesehene Fachleute schrieben die Bücher in den Jahren 1988 & 1989. Die Buchreihe bietet über die einzelnen Fachgebiete eine erstaunliche Fülle an Informationen, der Umfang der Einzelbücher variiert zwischen 96 u. 120 Seiten, 80 u. 150 Farbaufnahmen. In kleinem handlichen Format, festem Einband und sehr guter Aufmachung findet man eine Fülle an Informationen zu sehr günstigem Preis.   DM 24,80

Edney/Mugford – 1 × 1 DER HUNDEHALTUNG
Jackie Ransom – YORKSHIRE TERRIER
Marjorie Satterthwaite – LABRADOR RETRIEVER
Frank Kane/Phyllis Wise – COCKER SPANIEL
Jackie Ransom – PUDEL
Roy & Clarissa Allan – DEUTSCHER SCHÄFERHUND
Joan Blackmore – ROTTWEILER
Jimmy Richardson – DOBERMANN
Marigold Timson – GOLDEN RETRIEVER
Diana Phillips – CHOW CHOW
Heinz Gail – 1 × 1 DER HUNDEERZIEHUNG

HALTUNG & ERZIEHUNG

Myrna M. Milani – DIE UNSICHTBARE LEINE

Ein besserer Weg zum **Verständnis Deines Hundes.** In ihrem Welterfolg unter den Hundebüchern erklärt die Tierärztin und Verhaltensforscherin leicht verständlich die völlig andere Sinneswelt unseres Hundes. Erst über das Verständnis der unterschiedlichen Sinnesleistungen von Mensch und Hund erwächst die **Brücke zum vollen Verständnis des Hundes.** 251 Seiten. DM 39,80

Gudrun Beckmann – DER GROSSE HUNDEKNIGGE

Vom Umgang mit Hunden. Gert Haucke bespricht dieses Buch in der **Zeit** als **Führer für Hundeseelen.** »Wer die Verantwortung für einen Hund übernommen hat und sich mit der Absicht trägt, sein Leben für die nächsten 10 bis 15 Jahre mit ihm zu teilen, der sollte dieses Buch lesen. Auch dann, wenn er glaubt, er könne nichts mehr dazulernen. **Er dürfte sich irren!«** 254 S., 33 Fotos. DM 39,80

Konrad Most – DIE ABRICHTUNG DES HUNDES

Vom »Schöpfer des Diensthundewesens« ein **umfassendes Erziehungsbuch** für aktive Hundesportler und alle Hundefreunde. Auf meisterhafte Art erklärt der Autor leicht verständlich den Weg von den ersten Anfängen bis zur Prüfungsreife. »**Ihr Hund arbeitet schneller, freudiger und zuverlässiger!«** 15. Auflage, völlig neu überarbeitet, 234 Seiten. DM 39,80

Most/Mueller-Darß – ABRICHTEN & FÜHREN DES JAGDHUNDES

Völlige Neubearbeitung **(Uhde/Krewer)** dieses hervorragenden Erziehungswerkes, eine **Fundgrube für den Ausbilder!** Das Wissen des Jagdgebrauchshundeführers vereint sich mit den Erkenntnissen des erfahrendsten Diensthundeführers. Ein Buch für jeden Halter und Führer eines Jagdhundes. 264 Seiten, 35 Fotos. DM 39,80

Jill Airy – HUNDE-ABC

Viel erprobter und bewährter **Erziehungsplan** vom Welpen bis zum Jährling nach Altersstufen. Erziehung zum Familien- und Begleithund. Ein preiswertes Erziehungsbuch, das schon vielen geholfen hat. 80 Seiten. DM 15,00

RETTUNGSHUNDE

Angela Wegmann/Wilfried Heines – SUCH & HILF!

Hunde retten Menschenleben. Wer immer für seinen Hund und sich selbst ein **interessantes Aufgabengebiet sucht** – Höchstleistung von Hund und Mensch – dem bietet dieses Buch einen umfassenden Einblick in die aufopferungsvolle Arbeit unserer Rettungshunde. Erfahrungen, welche der **Bundesverband für das Rettungshundewesen e. V.** über viele Jahre aktiver Arbeit und Katastropheneinsätze erarbeitet hat, die aktiv in der Rettungsarbeit stehenden Autoren geben ein wirklichkeitsnahes Bild. Aus jahrelanger Arbeit entstand ein **Standardwerk**, eine minutiöse Anleitung für die Ausbildung des Rettungshundes, wie sie der Hundesportler seit Jahren sucht. Ein **hohes Lied** auf die Einsatzfähigkeit des Hundes im Dienste der Menschheit. Über 400 Seiten, reich bebildert, sehr empfehlenswert. DM 49,80